L'Alsace Française

de 1789 à 1870

LIBRAIRIE FÉLIX ALCAN

AUTRES OUVRAGES DU MÊME AUTEUR

L'École saint-simonienne. 1 vol. in-16. . . . . 3 fr. 50

Histoire du parti républicain en France de 1815 à 1870. 1 vol. in-8. . . . . 10 fr. »

Histoire du mouvement social en France (1852-1910). 2e édit., 1 vol. in-8. . . . . 10 fr. »

Histoire du catholicisme libéral en France (1828-1908). 1 vol. in-16. . . . . 3 fr. 50

La France sous la monarchie constitutionnelle. 2e édit. 1 vol. in-16. . . . . 3 fr. 50

Saint-Simon et son œuvre. Perrin, 1 vol. in-16.

Pages choisies de Mignet. Perrin et Armand Colin. 1 vol. in-16.

L'Alsace Française

de 1789 à 1870

PAR

GEORGES WEILL

PROFESSEUR A L'UNIVERSITÉ DE CAEN

PARIS

LIBRAIRIE FÉLIX ALCAN

108, BOULEVARD SAINT-GERMAIN, 108

—

1916

AVANT-PROPOS

L'Alsace a été réunie à la France en 1648; Strasbourg est devenu ville française en 1681. Il suffit de peu d'années pour faire de la nouvelle province une des plus attachées aux Bourbons et au royaume. Les preuves de cette adhésion rapide et générale seraient faciles à multiplier ; je me borne à citer un témoignage allemand. François d'Ichtersheim, un sujet de l'Empire, était obligé en 1710 de reconnaître la supériorité des tribunaux français. Les procès, disait-il, durent moins longtemps que sur la rive droite du Rhin : « on y voit tout aussi souvent le sujet gagner un procès contre son seigneur, le pauvre contre le riche, le laïque contre un clerc, le chrétien contre le juif, que vice versa ».

L'œuvre de la vieille monarchie fut donc bonne et féconde. Quelle a été l'œuvre du nouveau régime, inauguré en 1789? C'est ce que j'entreprends d'exposer ici en détail. Ce sera une étude strictement historique, où je ne sacrifierai jamais la vérité au désir de démontrer une thèse. Les faits parlent d'ailleurs assez haut; ils confirment ce mot attribué à un prince devant qui l'on disait que les soldats alsaciens se servaient d'un dialecte allemand : « ils se battront en Français », répondit-il.

G. W.

L'ALSACE FRANÇAISE

de 1789 à 1870

CHAPITRE PREMIER

L'Alsace en 1789.

L'Alsace en 1789 était mi-française, mi-allemande. Celui qui la visitait rapidement la jugeait plus allemande que française; le voyageur anglais Arthur Young, par exemple, eut cette impression quand il traversa le pays en juillet 1789. La grande masse des paysans ne parlait que le dialecte alsacien; elle comprenait souvent l'allemand, presque jamais le français. Les bourgeois et surtout les nobles savaient mieux notre langue, mais la plupart, dans la conversation quotidienne, usaient davantage de l'allemand.

Le régime politique et social semblait aussi en faire une terre allemande. C'était une étrange mosaïque de fiefs divers, de principautés ecclésiastiques et laïques, de villes libres ou presque autonomes. Parmi ces fiefs, beaucoup appartenaient à des princes allemands. Le landgrave de Hesse-Darmstadt avait de très vastes domaines, le duc de Wurtemberg quelques châteaux; le duc de Deux-Ponts avait hérité de la seigneurie de Ribeaupierre. Parmi les princes ecclésiastiques allemands, l'évêque de Spire dominait dans l'extrême Nord de la province. Un sixième de l'Alsace appartenait ainsi à des étrangers. Louis XIV, il est vrai, avait contraint ces « princes possessionnés » à lui prêter serment; toutefois leurs baillis, leurs juges venus d'outre-Rhin maintenaient dans ces territoires une domination allemande. Plus au Sud, la république de Mulhouse, alliée des cantons suisses, échappait complètement à l'autorité du roi.

Dans le reste de la province, les fiefs pullulaient; il n'y avait presque pas de terres faisant partie du domaine royal. Partout s'interposait entre le monarque et les habitants un seigneur qui rendait la justice en première instance, qui percevait les redevances féodales et qui souvent s'était approprié les dîmes. La noblesse alsacienne était sujette du roi, mais beaucoup de ses membres avaient autant de relations avec l'Allemagne qu'avec la France. Quant aux dix anciennes villes impériales, telles que Schlestadt et Colmar, elles conser vaient beaucoup d'institutions datant du moyen âge allemand; il en était de même de Strasbourg. La grande cité alsacienne gardait le régime garanti par la capitulation de 1681 : le Magistrat était le conseil, ou plutôt la réunion des conseils qui administraient la ville. Au-dessous de lui, les vingt corporations ou tribus nommaient chacune quinze échevins, et ce conseil des trois cents échevins devait être consulté sur les affaires graves, mais en réalité, à Strasbourg comme dans les autres villes, le Magistrat était une oligarchie bourgeoise, composée d'un petit nombre de familles patriciennes qui se perpétuaient au pouvoir.

Le régime économique rapprochait l'Alsace de l'Allemagne plus que de la France. Aujourd'hui une partie de la Haute-Savoie, la région des zones, est séparée du reste de la France par les douanes et communique librement avec Genève ; de même en 1789, l'Alsace était un « pays étranger effectif », isolé du royaume par un cordon douanier, lié commercialement avec les pays d'outre-Rhin. Cette situation faisait de Strasbourg une importante ville de transit sur la route qui menait de Bâle vers les Pays-Bas autrichiens.

Mais si la langue, l'administration locale, le commerce donnaient à l'Alsace l'apparence allemande, un observateur attentif ne tardait pas à constater combien la France avait su marquer son empreinte. Les seigneuries qui grouillaient sur les bords de l'Ill subsistaient toutes l'action de deux pouvoirs supérieurs ; elles obéissaient à l'intendant et au Conseil souverain

L'intendant était, comme dans toutes les généralités de France, un personnage influent, actif, sûr de l'appui des ministres, toujours prêt à faire sentir aux corps féodaux ce « despotisme éclairé » qui caractérisait l'administration royale. Le Conseil souverain, établi à Colmar, jouait en Alsace le rôle dont les Parlements s'étaient acquittés dans les anciennes provinces françaises : tout en respectant les coutumes de la région, il travaillait d'une façon continue à les simplifier, à les uniformiser, à faire pénétrer un peu d'ordre et de clarté dans le fouillis des jurisprudences locales. Les paysans et les ouvriers souffraient des abus des justices seigneuriales, où des juges ignorants et grossiers se tenaient toujours prêts à donner gain de cause au seigneur qui les avait nommés ; les justiciables pouvaient maintenant faire appel au Conseil souverain qui, malgré ses traditions conservatrices, était heureux de réprimer les abus de pouvoir des hobereaux alsaciens. Les Magistrats des villes étaient également surveillés : à Strasbourg, par exemple, un préteur royal représentait l'autorité française auprès de l'aristocratie patricienne et ne laissait rien passer qui pût déplaire au pouvoir central. Quant aux barrières douanières, celui-ci consentait fréquemment à les abaisser pour laisser entrer les produits alsaciens en France ; il en résultait pour Strasbourg les avantages d'un port franc, qui entreposait les marchandises de l'Europe centrale pour les distribuer dans les diverses parties du royaume.

La religion entretenait des distinctions marquées parmi les habitants. Le catholicisme avait pour lui la majorité, surtout dans les populations rurales. Celles-ci reconnaissaient non seulement l'autorité religieuse, mais le pouvoir politique du clergé. Le prince-évêque de Strasbourg était le plus puissant seigneur terrien de la province; les abbayes de Neubourg et de Marmoutier, les chapitres de Murbach et de Neuviller, d'autres corps ecclésiastiques encore donnaient leurs ordres à de nombreux tenanciers. Le bas clergé, vivant et actif, entièrement recruté dans le pays, avait une grande autorité sur le peuple. Si le prince-évêque de Strasbourg était fastueux et mondain, son grand séminaire, dirigé par l'austère Jeanjean, formait des prêtres pleins de ferveur religieuse et dévoués à leur tâche. Le catholicisme avait aussi pénétré dans les villes : à Strasbourg la royauté avait travaillé depuis un siècle à multiplier les catholiques et forcé la vieille ville protestante à établir « l'alternative » des fonctions municipales entre les adhérents des deux religions.

Néanmoins le catholicisme n'était pas là, comme dans le reste de la France, la seule religion reconnue; à part un petit groupe réformé, c'était l'Église luthérienne qui lui tenait tête, car elle possédait une existence officielle. Grâce aux engagements pris par Louis XIV en 1648 et en 1681, elle avait échappé à la persécution violente qui s'abattit sur le calvinisme français depuis 1685; mais elle avait connu pendant cinquante ans la persécution sournoise et tenace menée par des fonctionnaires désireux de satisfaire le roi. Depuis 1740 ces tentatives avaient pris fin, et le luthéranisme alsacien conservait sans obstacle sa forte organisation confessionnelle.

Les deux clergés rivaux étaient laissés par l'État maîtres de l'instruction publique. L'un et l'autre donnaient aux enfants des fidèles, en allemand ou plutôt en dialecte alsacien, un enseignement primaire assez modeste; l'école était une annexe de la sacristie. Le maître d'école, qui remplissait aussi les fonctions de chantre, d'organiste, de sacristain, qui sonnait les cloches et balayait l'église, devait enseigner la lecture et l'écriture, mais plus encore le catéchisme et les prières. L'enseignement secondaire était beaucoup mieux organisé. Les protestants possédaient surtout le célèbre gymnase de Strasbourg, fondé par l'humaniste Jean Sturm et demeuré depuis renommé pour la force de ses études. Il était très prospère en 1789 avec ses trois cent vingt élèves, sous la direction d'un pédagogue bien connu, Jacques-Jérémie Oberlin. L'enseignement secondaire catholique avait appartenu pendant un siècle aux Jésuites, qui obtinrent le même succès en Alsace qu'ailleurs. Après la suppression de l'ordre, ses collèges subsistèrent, dirigés par des prêtres séculiers ; à Strasbourg, grâce à l'intervention de l'évêque, le Collège royal demeura entre les mains des professeurs jésuites qui prirent simplement l'habit des séculiers. Pour l'enseignement supérieur, les protestants avaient un avantage incontestable. Alors que l'Université catholique de Strasbourg constituait simplement l'annexe du collège des Jésuites, l'Université luthérienne était un véritable centre de vie scientifique et de hautes études. Faisant ses cours en allemand, elle attirait de nombreux étudiants d'outre-Rhin, parmi lesquels figurèrent Gœthe et Herder ; ses professeurs, malgré leur formation germanique, savaient presque tous le français et se pénétraient de la culture française. En 1789 des théologiens comme Blessig, des juristes comme Koch, des lettrés comme le célèbre helléniste Schweighæuser maintenaient à la vieille Université une légitime réputation.

A part les catholiques et les protestants, il y avait un groupe compact de juifs, soumis dans la plupart des seigneuries à la législation humiliante et compliquée du moyen âge. A Strasbourg il leur était défendu d'être domiciliés, même de passer la nuit; le roi cependant avait imposé au Magistrat une exception pour Cerfbeer, un grand fournisseur des armées qui avait rendu service à l'État. Nombreux surtout dans la Haute-Alsace, les juifs y accaparaient la banque, le prêt à intérêt; les paysans les détestaient, sans pouvoir se passer d'eux, et la guerre entre créanciers et débiteurs, entre usuriers et mauvais payeurs, causait souvent des embarras au gouvernement et des troubles dans les villages. Des écrivains comme Mirabeau, comme l'abbé Grégoire, montraient dans la fusion des israélites avec les autres Français le véritable remède à ces difficultés économiques.

En somme, à l'époque de Louis XVI, la situation de l'Alsace était satisfaisante. Elle avait pu prospérer dans la paix; depuis 1715 cette « marche » n'avait plus connu l'invasion, sauf une courte ruée des pandours de Marie-Thérèse en 1744. Elle était devenue un tout : alors qu'en 1648 l'Alsace n'était qu'une expression géographique, un assemblage de petits États querelleurs et jaloux les uns des autres, l'autorité française avait depuis cent ans apaisé les conflits, imposé à tous les seigneurs la surveillance commune des représentants du roi. Il y avait un contraste singulier entre l'aspect allemand du pays et l'attachement de ses habitants pour la France. Les paysans aimaient le gouvernement royal, parce qu'il les protégeait souvent contre les injustices des suzerains. Tous ceux d'entre eux, et ils étaient nombreux, qui avaient le goût du service militaire, trouvaient bon accueil dans des régiments où sous-officiers et officiers parlaient leur langue, le Royal-Allemand, le Royal-Deux-Ponts, le Royal-Nassau. La bourgeoisie commerçante profitait des dépenses faites par les fonctionnaires et les officiers français ; la bourgeoisie lettrée tournait les yeux vers Paris, d'où venaient souvent des récompenses : les deux meilleurs historiens de l'Alsace au XVIIIe siècle, le professeur protestant Schœpflin et le chanoine catholique Grandidier, reçurent tous les deux le titre d'historiographes du roi. La noblesse fournissait à l'armée française quantité d'officiers ; elle imitait les plaisirs et le luxe de la cour. Le palais des Rohan à Saverne était un Versailles en miniature ; les Mémoires de Mme d'Oberkirch nous montrent que les gentilshommes alsaciens prenaient leur part de la vie élégante et joyeuse menée par l'aristocratie française à la fin de l'ancien régime.

Mais cet ancien régime avait, sur les bords de l'Ill plus encore que dans le reste de la France, quelque chose de fragile et d'artificiel. Ce mélange bizarre d'institutions féodales et royales, de seigneuries ecclésiastiques et laïques, ce système vermoulu devait tomber en ruines à la première secousse ; les paysans qui acceptaient docilement les ordres de princes allemands devaient les rejeter dès que les idées se seraient modifiées. Or les idées nouvelles, les idées françaises du XVIIIe siècle, pénétraient de tous les côtés. Les principaux représentants de ces idées avaient même traversé l'Alsace. Voltaire, à son retour de Potsdam, séjourna plus d'un an à Colmar, où il trouva un cercle d'admirateurs; Jean-Jacques Rousseau en 1765 passa quelques semaines à Strasbourg, où la haute société le combla d'invitations et d'honneurs. Toutes les classes instruites adoptaient peu à peu les principes des philosophes. Au château de Schoppenwihr, près de Colmar, la famille de Berckheim groupait des amis intelligents et cultivés; Mlles de Berckheim causaient littérature et politique avec le poète aveugle Pfeffel, grand partisan des idées libérales. Le même esprit dominait dans le salon d'un des personnages les plus importants de Strasbourg, le baron Frédéric de Dietrich. Sa famille, strasbourgeoise depuis trois siècles, avait été anoblie récemment; possesseur d'une grande fortune, Dietrich avait longtemps vécu à Paris, estimé des savants pour ses travaux de minéralogie, élu membre de l'Académie des sciences; protestant d'origine, mais assez indifférent aux idées religieuses, il entretenait des rapports amicaux avec Condorcet, mais surtout il se lia étroitement avec La Fayette. C'est l'homme qui personnifie le mieux les progrès accomplis par l'esprit nouveau, par l'esprit français en Alsace pendant le règne de Louis XVI.

CHAPITRE II

Les débuts de la Révolution.

Ce fut la royauté qui donna le signal des innovations : l'édit royal de 1787 institua dans toute la France les assemblées provinciales. L'Alsace, où il n'y avait jamais eu d'États provinciaux, allait donc recevoir pour la première fois une représentation commune aux innombrables domaines qui la composaient. Cette assemblée était élue par les assemblées de districts, celles-ci par les assemblées communales ; il fallut donc créer des cadres nouveaux, des districts englobant terres princières, seigneuriales ou municipales. L'assemblée provinciale était aristocratique, puisque le tiers-état lui-même y comprenait surtout les membres des Magistrats ; mais elle entreprit de sérieuses réformes administratives et manifesta nettement son hostilité contre les princes possessionnés qui affectaient d'ignorer ses travaux. La commission intermédiaire élue par elle ne tarda pas à dire dans un document officiel : « Tout ce qui tient à la féodalité porte un caractère de servitude inadmissible dans une société bien constituée ». L'Alsace était mûre pour la convocation des États Généraux.

Depuis la réunion de la province à la France il n'y avait jamais eu d'États Généraux dans le royaume. Il fallut donc organiser tout un système électoral nouveau, en groupant deux à deux les six districts formés pour l'assemblée provinciale : Belfort-Huningue, Colmar-Schlestadt, Wissembourg-Huguenau devaient ainsi correspondre aux grands bailliages de la vieille France. Avec les députés des villes, cela faisait vingt-quatre représentants au total, dont six pour le clergé, six pour la noblesse et douze pour le tiers-état. Les élections furent lentes, paisibles et modérées : généralement partisans des réformes, les élus appartenaient à des nuances très diverses. Le clergé nomma surtout des conservateurs, comme l'abbé d'Eymar, vicaire général de Strasbourg, un des plus actifs orateurs de la droite à la Constituante; mais il désigna aussi Gobel, évêque de Lydda, un futur hébertiste. La noblesse invita ses représentants à maintenir la division en trois ordres; mais un constitutionnel libéral, grand ami de La Fayette, le prince Victor de Broglie, fut choisi dans la Haute-Alsace. Le tiers-état parut occupé non seulement par les questions générales à l'ordre du jour, mais par le conflit qui se dessinait dans toutes les villes entre l'oligarchie maîtresse du pouvoir et la petite bourgeoisie lasse d'obéir aux « collèges perpétuels »; presque partout celle-ci l'emporta. Un de ses élus, Reubell, avocat au Conseil souverain de Colmar, allait se faire une place dans l'histoire de la Révolution.

Dans toute la France il y avait alors hésitation entre le vieil esprit particulariste, favorable aux privilèges provinciaux, et l'esprit nouveau qui tendait à ruiner les anciennes barrières, à faire prévaloir d'un bout à l'autre du royaume les mêmes institutions. Cette hésitation apparaît d'une manière curieuse dans le cahier rédigé par le tiers-état de la ville de Strasbourg : il demande pour la France une Constitution, une assemblée pourvue du pouvoir législatif et du droit de voter l'impôt; mais il demande aussi le maintien de la capitulation accordée à Strasbourg en 1681, et il va jusqu'à exposer des revendications locales puériles, telles que la suppression des privilèges accordés à huit perruquiers. La grande ville alsacienne choisit comme députés deux patriciens strasbourgeois, un protestant, M. de Turckheim, et un catholique, M. de Schwendt : le premier plus conservateur, bien vite effrayé par les décisions audacieuses de la Constituante, ne tarda pas à donner sa démission; le second, plus sympathique aux innovations, se rallia facilement aux décrets votés par l'Assemblée.

La lutte s'était engagée dans toutes les villes alsaciennes entre le Magistrat et la population exclue des hautes charges. A Strasbourg surtout, la corporation des bouchers s'était mise à la tête des opposants; Dietrich fut nommé commissaire royal, avec mission de négocier un accord entre les deux partis. Mais la nouvelle des événements survenus le 14 juillet encouragea le peuple. Le 20 juillet les manifestations commencent, aux cris de *A bas le Magistrat!* Celui-ci capitule, puis semble disposé à retirer ses promesses; le 21 l'émeute devient générale; le peuple envahit, saccage et pille l'hôtel de ville, tandis que les troupes demeurent immobiles, conformément aux ordres du maréchal de Rochambeau et de son subordonné Klinglin. La vieille aristocratie municipale doit abandonner le pouvoir, céder la place à une municipalité provisoire prise dans toutes les parties de la bourgeoisie; l'ancien régime avait succombé à Strasbourg.

Mais les villes n'étaient pas seules à s'agiter. On sait que, dans toute la France, les derniers jours de juillet 1789 virent la levée des paysans contre les châteaux. Ce mouvement prit dans quelques parties de l'Alsace les proportions d'une guerre sociale. De nombreuses abbayes furent pillées par leurs tenanciers, des châteaux ravagés; Guebwiller, la capitale du prince-abbé de Murbach, fut enlevé par une bande furieuse. Les contrebandiers, nombreux dans ce pays frontière, servaient souvent de meneurs aux insurgés. Les rudes paysans du Sundgau firent une véritable jacquerie, dirigée à la fois contre les suzerains nobles et contre les trafiquants juifs. Une répression militaire mit fin à ces désordres le 31 juillet; mais les décrets du 4 août vinrent bientôt rendre courage aux paysans en leur annonçant la fin du régime féodal. Ces décrets et ceux qui les complétèrent supprimaient aussi les privilèges des villes; les Magistrats avaient soulevé tant de colères contre eux que la ruine des vieilles autonomies urbaines s'accomplit presque partout sans difficulté. A Strasbourg, la parole persuasive de Dietrich décida les échevins à sacrifier leur ancienne constitution. La création des deux départements du Bas-Rhin et du Haut-Rhin, avec Strasbourg et Colmar comme chefs-lieux, ne souleva pas de résistances.

La noblesse alsacienne laïque perdait beaucoup aux décrets du 4 août; elle ne trouva personne pour la défendre et ne sut point s'unir pour demander au moins une indemnité. La noblesse ecclésiastique, par contre, allait déployer contre la Révolution une hostilité redoutable. Le clergé d'Alsace avait une situation à part; il relevait soit de l'évêque de Spire et de celui de Bâle, deux prélats étrangers, soit de l'évêque de Strasbourg, qui était sujet du roi de France, mais en même temps prince du Saint-Empire, et qui avait pour métropolitain l'archevêque de Mayence. Le prince-évêque de Strasbourg était en 1789 le cardinal de Rohan, devenu si fameux par l'affaire du Collier, le « cardinal Collier », comme l'appelaient ses adversaires ; on n'ignorait pas son passé peu édifiant, mais il demeurait quand même le chef reconnu du clergé alsacien. Autour de lui le chapitre de Strasbourg, qui passait pour le plus noble des bords du Rhin, comprenait vingt-quatre chanoines titulaires, parmi lesquels figuraient trois Rohan, quatre Hohenlohe et six Kœniggsegg. Le cardinal avait accepté quelque temps un mandat du clergé à la Constituante; il était venu présenter à l'Assemblée « son hommage et son respect ». Mais les dignitaires ecclésiastiques d'Alsace protestèrent avec lui, dès le mois de septembre 1789, contre les décrets du 4 août. Deux mois plus tard, le décret mettant les biens du clergé à la disposition de la nation fut encore plus mal accueilli; environ treize cents ecclésiastiques alsaciens signèrent une protestation formelle, tandis qu'une requête adressée à la Diète de Ratisbonne réclamait « une gracieuse intervention des très hauts États de l'Empire ». Le débat sur la suppression des couvents souleva de nouvelles colères. Finalement Rohan, quittant la France, alla au milieu de 1790 fixer sa résidence dans ses domaines de la rive droite du Rhin, à Ettenheim, pour diriger de là tous les efforts de la contre-révolution.

Cette agitation, entretenue dans les campagnes par la propagande continuelle des curés et des moines, suscita la résistance des constitutionnels, dévoués au nouvel ordre de choses. Ils progressaient continuellement dans les villes; à Strasbourg, par exemple, quand il s'agit de former le nouveau corps municipal, Dietrich fut élu maire, en février 1790, contre le candidat conservateur. Les « patriotes » comprirent d'ailleurs le besoin de s'organiser; Strasbourg eut dès janvier 1790 une Société des amis de la Constitution, bientôt affiliée au club des jacobins parisiens; des sociétés analogues se formèrent dans toutes les villes. En même temps les gardes nationales achevaient de se constituer, et les rapports amicaux établis entre ces nouveaux bataillons et les troupes de ligne détruisaient les espérances fondées par les contre-révolutionnaires sur l'appui des officiers nobles. Les partisans de la Constituante réussirent à célébrer avec plein succès à Strasbourg, en juin 1790, les fêtes de la Fédération du Rhin. Un grand cortège corporatif, analogue à ceux qui avaient tant de fois traversé les rues de l'ancienne ville libre, défila devant le maire; puis ce fut le tour de « l'armée confédérée », qui mêlait ses drapeaux à ceux de l'armée de ligne; des cérémonies religieuses, catholiques et protestantes, accompagnèrent la bénédiction de ces étendards. Enfin les gardes nationaux allèrent planter au milieu du pont de Kehl un drapeau tricolore avec cette inscription : « Ici commence le pays de la liberté. »

En somme, vers le milieu de 1790, l'œuvre de l'Assemblée Constituante en Alsace avançait rapidement. La campagne du haut clergé alsacien contre l'abolition de l'ancien régime et contre la vente des biens de l'Église n'avait donné que de faibles résultats; les paysans y trouvaient trop de profit pour qu'on pût les soulever en masse contre les décrets venus de Paris. Mais la Constitution civile du clergé allait fournir à l'évêque de Strasbourg et à ses partisans une éclatante revanche. Cette fois la religion était en jeu : les prêtres montrèrent aux paysans la loi nouvelle condamnée par le Pape, le schisme imposé par des laïques, les peines éternelles assurées à tous ceux qui accepteraient les prêtres « jureurs », les « instrus ». Peu à peu ils firent pénétrer dans les campagnes cette idée que le but réel du gouvernement de Paris était la destruction de toute religion; cette croyance persista de longues années, tout comme celle d'après laquelle on voulait forcer les catholiques à devenir protestants. Une échauffourée survenue à Strasbourg le 3 janvier 1791 marqua le début des émeutes religieuses en Alsace.

Il y eut plusieurs départements où le nombre des prêtres assermentés fut égal, parfois même supérieur, à celui des réfractaires. Dans le Haut-Rhin et le Bas-Rhin, au contraire, la plupart des ecclésiastiques refusèrent le serment. On parvint quand même à organiser le clergé constitutionnel; dans le Bas-Rhin il se trouva même un homme de réelle valeur, Brendel, professeur au grand séminaire de Strasbourg, pour accepter les fonctions d'évêque; il fut élu par trois cent dix-sept voix sur quatre cent dix-neuf votants; mais parmi les électeurs figuraient, conformément à la loi, bon nombre de protestants, ce qui permit de ridiculiser le choix de « l'évêque luthérien ». Et comme les prêtres assermentés faisaient défaut sur plusieurs points, on accepta, pour les remplacer, divers ecclésiastiques, de valeur souvent douteuse, qui venaient d'Allemagne ou de Suisse; il y eut ainsi environ quarante étrangers sur les quatre cent cinquante assermentés qui s'installèrent dans les deux départements. Les évêques de Bâle, de Spire, de Strasbourg fulminèrent l'anathème contre les apostats. Rohan semblait rechercher d'ailleurs toutes les occasions de pousser à bout ses adversaires; utilisant le témoignage mensonger d'un ancien officier, il fit ouvrir par le bailli d'Ettenheim une procédure contre Dietrich comme inculpé d'avoir salarié un assassin pour faire disparaître le cardinal (septembre 1791).

Mais si les prêtres réfractaires agitaient les ouvriers agricoles, ils étaient moins heureux avec les propriétaires des villes et des campagnes. On constata que les paysans riches d'Alsace n'hésitaient point, au cours de l'année 1791, à se porter comme acquéreurs de biens nationaux. Quant à la bourgeoisie, profondément émue par la fuite du roi et l'incident de Varennes, elle s'empressa de voter pour les candidats constitutionnels lors des élections à l'Assemblée Législative. Tous les élus furent des Feuillants, bien résolus à défendre les institutions nouvelles; le mathématicien Arbogast et surtout Koch, professeur à l'Université protestante, figuraient au premier rang. Parmi les Constituants que la loi interdisait de réélire, ceux qui avaient le plus énergiquement combattu la contre-révolution, comme Reubell et Victor de Broglie, furent investis d'importantes fonctions départementales.

Au milieu de ces agitations intérieures, l'Alsace tout entière suivait anxieusement le conflit qui avait éclaté, au sujet de ses territoires, entre la France et l'Empire. Les événements de 1789 avaient fait ressortir la contradiction entre le droit ancien, qui permettait à des princes allemands de percevoir des redevances féodales en France, et le droit nouveau, qui obligeait l'Assemblée Nationale à proclamer l'égalité de tous les Français. Les décrets du 4 août soulevèrent la protestation générale des princes possessionnés; la Prusse envoya aussitòt un diplomate, Gœrtz, pour les encourager à se montrer intransigeants vis-à-vis du gouvernement français. L'Assemblée Nationale désirait conserver la paix; on le vit dans le rapport que, d'accord avec Mirabeau, le représentant du comité féodal, Merlin de Douai, vint lire à la Constituante le 28 octobre 1790. Le grand légiste révolutionnaire ne cédait rien sur les principes : d'après le droit nouveau, disait-il, les princes allemands n'ont rien à réclamer. « Le peuple alsacien s'est uni au peuple français parce qu'il l'a voulu; c'est donc sa volonté seule et non pas le traité de Munster qui a légitimé l'union, et comme il n'a mis à cette volonté aucune condition relative aux fiefs régaliens, nul ne peut prétendre d'indemnité ». Mais en fait Merlin se montrait fort conciliant; il proposait non seulement de consentir à une indemnité, mais de négocier le rachat intégral des droits et des terres des princes allemands; la Constituante approuva son rapport.

Les princes allemands, surtout l'évêque de Spire, croyaient que la Révolution condamnait la France à l'anarchie, et que l'occasion était bonne pour lui enlever l'Alsace; ils confièrent leur cause à la Diète. L'empereur Léopold II ne voulait pas se laisser entraîner par la Prusse à la guerre, mais ne voulait pas non plus avoir l'air de sacrifier les intérêts de l'Empire; de même qu'il venait de signer la déclaration de Pilnitz avec le ferme dessein de ne pas intervenir, il se posa en défenseur des princes possessionnés dans sa lettre du 3 décembre 1792, lettre hautaine dans la forme, conciliante au fond. Mais cette lettre fournit un argument précieux aux Girondins partisans de la rupture; Koch, soucieux d'épargner à l'Alsace une guerre désastreuse, exposa les motifs qui pouvaient engager ses collègues à continuer la politique de Merlin de Douai; néanmoins l'Assemblée Législative adopta le décret du 25 février 1792, qui donnait aux princes possessionnés un délai jusqu'au 1er juin seulement pour engager des négociations en vue d'une indemnité. Les rapports allèrent s'envenimant, surtout quand François II eut succédé à Léopold, et la guerre fut déclarée le 20 avril 1792.

CHAPITRE III

La Guerre et la Terreur

Depuis quelques mois déjà l'Alsace était secouée par une émotion belliqueuse. Les émigrés se réunissaient chaque jour plus nombreux à Ettenheim, où Condé leur avait donné rendez-vous ; on s'organisait là sur les terres de Rohan, qui avait fourni auparavant des subsides à Mirabeau Tonneau pour créer sa « légion noire ». Les menaces, les pamphlets venus d'Ettenheim exaspéraient les Alsaciens, réveillaient chez eux le vieil esprit guerrier. La déclaration de guerre du 20 avril fut connue à Strasbourg le 25 ; ce jour-là le maire parcourut la ville avec une escorte militaire ; il s'arrêtait sur les places et lisait à la foule le texte de la déclaration en français et en allemand ; puis la musique jouait le *Ça ira*. Le soir, Dietrich réunit à dîner divers officiers amis, qui partageaient ses idées politiques : c'étaient des généraux comme Victor de Broglie et d'Aiguillon, des officiers inférieurs comme le lieutenant de Veygoux (le futur général Desaix) et le capitaine Rouget de Lisle. Celui-ci, déjà connu comme poète et comme musicien, fut pressé par les convives de composer un chant patriotique : il sortit de là excité, pénétré de la fièvre générale, rentra chez lui et travailla toute la nuit ; le lendemain il apportait son œuvre au maire de Strasbourg. Quelques semaines plus tard Mme de Dietrich, envoyant l'air nouveau à son frère, lui écrivait : « C'est du Gluck en mieux, plus vif et plus alerte... Le morceau a été joué chez nous à la grande satisfaction de l'assistance. » *Le Chant de guerre pour l'armée du Rhin*, composé ainsi à Strasbourg, allait s'appeler bientôt la *Marseillaise*.

Pendant ce temps l'armée s'organisait, composée de deux éléments différents, les troupes de ligne et les volontaires. Malgré les incitations venues d'outre-Rhin, malgré l'exemple des officiers nobles, le nombre des soldats émigrés et déserteurs ne répondit point aux espérances qu'on avait nourries à Ettenheim ; l'ardente propagande faite par les clubs produisit ses résultats. Quant aux volontaires, ils ne manquèrent point ; le Haut-Rhin à lui seul fournit assez d'hommes pour qu'on pût former cinq bataillons. Les Alsaciens d'ailleurs avaient confiance dans le général chargé de les commander : Kellermann était un Strasbourgeois déjà fort connu de ses concitoyens avant 1789 ; son adhésion aux idées avancées lui gagna la sympathie des

« patriotes. » Habile organisateur, il embrigada ensemble vieux régiments et bataillons de volontaires, appliquant ainsi dès 1792 l'idée qui devait être réalisée dans toute l'armée française par l'amalgame. Les volontaires manquaient parfois de discipline, mais se montraient toujours prêts à combattre. Kléber, commandant d'un des bataillons du Haut-Rhin, écrit à un ami, le 15 novembre 1792, que « ses Sungauyens » ont accueilli avec joie l'ordre de départ : « Aucun d'eux ne pense plus à quitter son drapeau ; des malades même, oui, des malades m'ont demandé en grâce de les laisser avec le bataillon, s'offrant de le suivre à pied, si seulement je voulais me charger de leur sort. »

Ce grand élan de patriotisme était malheureusement accompagné de luttes intestines de plus en plus violentes. Il ne s'agit pas ici de la guerre contre les prêtres réfractaires et les partisans de l'ancien régime, devenus depuis le 20 avril 1792 les alliés de l'étranger. Mais la discorde s'était mise parmi les adhérents des idées nouvelles : depuis la fin de 1791 la bataille faisait rage entre feuillants et jacobins. Les premiers avaient certainement pour eux la majeure partie de la bourgeoisie alsacienne ; mais la forte organisation et l'audace des groupes jacobins, les encouragements qui leur venaient de Paris, la colère croissante des patriotes contre les menées des agents de l'ennemi favorisaient les progrès du parti exalté. Aussi fut-il vainqueur lorsqu'il s'agit d'élire les représentants à la Convention : des hommes tels que Reubell et Pflieger dans le Haut-Rhin, Ruhl et Arbogast dans le Bas-Rhin, allaient suivre la politique de la Montagne, sans figurer parmi les plus violents des terroristes.

C'est à Strasbourg surtout que la guerre était devenue vive entre modérés et avancés. Dietrich y avait gardé son autorité jusqu'au début de 1792. Presque toute la bourgeoisie libérale strasbourgeoise était pour lui ; des négociants comme Levrault et Pasquay, des professeurs de l'Université protestante comme Blessig et Schweighauser, le soutenaient de leur mieux. Mais un blâme de Roland au nom du ministère girondin, en juin 1792, allait commencer à l'ébranler; après le 10 août, comme les feuillants de la commune strasbourgeoise mettaient quelque hésitation à reconnaître les faits accomplis, Roland redevenu ministre destitua le maire ami de La Fayette, et quelques mois plus tard des conventionnels en mission révoquèrent une nouvelle municipalité modérée, pour confier le pouvoir aux jacobins en janvier 1793. Dietrich s'était enfui un instant : revenu en France pour ne pas être inscrit sur la liste des émigrés, il fut renvoyé devant le tribunal de Besançon qui l'acquitta ; on le garda néanmoins en prison, puis on le transféra dans la capitale où il fut condamné à mort et guillotiné le même jour. Avant de mourir il écrivit à ses deux fils, alors soldats, pour les inviter à bien servir leur patrie. C'est une des plus regrettables victimes de la Terreur.

Le groupe jacobin qui gouverna Strasbourg en 1793 avait très peu de meneurs alsaciens; les principaux étaient des Français de l'intérieur ou des Allemands immigrés. Parmi les premiers, un des plus actifs fut d'abord Laveaux, ancien professeur de littérature, fondateur du *Courrier de Strasbourg* qui mena une campagne quotidienne contre le maire Dietrich; le plus influent fut bientôt Monet, un jeune homme de vingt-cinq ans, maire de Strasbourg pendant toute la Terreur, laborieux, désintéressé, impitoyable pour les ennemis de la Montagne, le digne ami de Saint-Just et de « l'Incorruptible ». Parmi les seconds figuraient quelques prêtres venus d'outre-Rhin pour prendre place dans le clergé constitutionnel; tel fut le trop fameux Euloge Schneider. Ce fils de paysans franconiens, tour-à-tour moine et professeur de théologie en Allemagne, avait le goût du cabotinage, servi par une éloquence fougueuse et théâtrale; après avoir brillé au club du Miroir, il devint accusateur public près le tribunal crimiuel du Bas-Rhin, puis obtint en mai 1793 la création du tribunal révolutionnaire auprès duquel les mêmes fonctions lui furent confiées. Les séances furent inaugurées par un étrange et sinistre cortège, que l'accusateur public menait à cheval, et qui encadrait la guillotine promenée sur une charrette de paysan. En cinq semaines, Schneider fit condamner à mort vingt-huit accusés, la plupart coupables d'avoir spéculé sur les assignats ou transgressé la loi du maximum. Cette loi causa de grandes misères, mais permit à l'Alsace de traverser le dur hiver de 1793-94, alors qu'elle était menacée de famine par la guerre.

La guerre avait paru s'éloigner de la province en 1792, quand les Français entraient victorieux à Spire et à Mayence. Mais cette dernière ville fut perdue, et bientôt les Autrichiens, arrivant à la frontière du Nord, forcèrent en octobre 1793 les lignes de Wissembourg, considérées comme le rempart de l'Alsace. L'armée française mal commandée, manquant de tout, recula en désordre jusque sous le canon de Strasbourg, tandis que Landau se défendait contre le blocus. Le général autrichien, Wurmser, qui appartenait à la noblesse alsacienne, lança un avis conseillant aux populations de rechercher l'appui des troupes impériales. Mais quelques villages seulement répondirent à cet appel en recevant les Autrichiens avec le drapeau blanc. Les excitations des émigrés demeurèrent sans effet, tandis que les ordres des représentants en mission pour la levée en masse étaient obéis. Des compagnies franches se formèrent : dans la région de Niederbronn, par exemple, le juge de paix Helmstetter, plus tard général, réunit les gardes nationaux et, par des abatis faits dans les passages des Vosges, arrêta le mouvement tournant de l'ennemi.

La situation s'améliora quand Pichegru et Hoche prirent le commandement des armées, quand Saint-Just et Lebas furent envoyés à Strasbourg par la Convention avec des pouvoirs illimités. Les deux conventionnels rendirent d'octobre à décembre de multiples décrets. Il en est qui sont inspirés par un fanatisme odieux, comme ceux qui suppriment tous les cultes ou qui ordonnent de détruire les statues couvrant le portail de la cathédrale. D'autres, louables par l'intention, furent impossibles à appliquer : tel celui qui établissait dans chacune des communes du Bas-Rhin une école primaire gratuite française. D'autres étaient dictés par une injuste défiance contre une population prête aux sacrifices les plus pénibles. Mais l'œuvre essentielle des deux représentants, l'œuvre de défense nationale, fut excellente. Voici comment elle a été résumée par l'historien des guerres de la Révolution, M. Chuquet : « Saint-Just et Lebas rétablirent l'ordre. Les administrateurs et les fournisseurs pourvurent avec zèle à la subsistance de l'armée. Les traîtres osèrent à peine respirer. La discipline eut une vigueur et un ressort qu'elle n'avait pas encore eus. Les pillards les plus déterminés ne sortirent plus des rangs. Les aboyeurs des clubs, convaincus que les représentants ne se payaient plus de paroles et de motions, gardèrent le silence. Les faibles et les lâches allèrent en avant parce qu'ils voyaient la mort derrière eux et souvent marchèrent au feu du même pas que les plus braves ». L'armée ainsi régénérée fournit les efforts que lui demandaient ses chefs : Hoche battit les Autrichiens à Frœschwiller, au Geisberg, débloqua Landau. Le 1er janvier 1794, l'Alsace était délivrée.

Les deux conventionnels avaient mis fin à la puissance d'Euloge Schneider. L'accusateur public, étant entré à Strasbourg « avec un faste insolent », fut arrêté, exposé pendant quatre heures sur l'échafaud de la guillotine devant la foule stupéfaite, puis envoyé à Paris où le tribunal révolutionnaire le fit exécuter. Le nom de ce sinistre aventurier allemand est demeuré légendaire en Alsace, où il apparaît comme la personnification de la Terreur; mais la légende, comme il arrive toujours, dépasse la réalité. La Terreur ne finit point dans le Bas-Rhin avec Schneider; elle redoubla, au contraire, sous la direction de Monet. L'ami de Robespierre devint le maître absolu à Strasbourg; les prisons se remplirent; sur les quatre-vingt-treize condamnations à mort prononcées dans le Bas-Rhin pendant la Terreur, trente et une étaient dues à Schneider, les autres sont postérieures à sa chute. La cathédrale, devenue le temple de la Raison, fut bientôt consacrée au culte de l'Être suprême. Monet prenait en même temps une série de mesures destinées à hâter ce qu'on appelait la « francilisation » de l'Alsace. Dans le Haut-Rhin, les Jacobins étaient moins violents, moins fanatiques, plus soucieux de ménager les paysans ; la guillotine y fonctionna très rarement. Néanmoins, ce fut avec une égale satisfaction que les deux départements apprirent le 9 thermidor et la chute de Robespierre. La Terreur a laissé de longs souvenirs sur les bords du Rhin; on l'a détestée à cause de ses rigueurs; on l'a détestée peut-être plus encore parce que les populations alsaciennes, peu disposées à la révolte ouverte, opposent une résistance passive, mais obstinée, aux gouvernements qui veulent les faire « marcher » malgré elles. Le directoire jacobin du Bas-Rhin déplorait cette force d'inertie et, dans une note du 5 mars 1794, disait en parlant de l'Alsacien : « Malgré ses possessions d'habitude, de langage, de mœurs et des antiques relations du côté de l'Allemagne, il n'est ni Autrichien, ni Prussien, il ne regrette point l'ancien régime; il aime peut-être la République, mais il n'est point fait pour la Révolution ». Remplaçons dans cette phrase « Révolution » par « Terreur », et nous avons un portrait fort exact des Alsaciens de 1794.

CHAPITRE IV

La période thermidorienne et le Directoire.

La Convention thermidorienne envoya aussitôt des représentants en mission dans la province : le jacobin Foussedoire, un thermidorien de gauche, puis le conventionnel Bailly, un homme de la Plaine, un thermidorien de droite, épurèrent toutes les administrations locales pour en chasser les robespierristes. Les clubs se fermèrent ou perdirent toute influence. On régla aussi une question très importante pour l'Alsace du Nord. Cette région avait été occupée pendant près de quatre mois par les Autrichiens en 1793; les paysans, dont la plupart étaient d'anciens sujets de l'évêque de Spire ou du landgrave de Hesse, avaient exécuté avec résignation les ordres des envahisseurs, d'autant plus que les émigrés et les prêtres réfractaires, accourus avec les Autrichiens, leur annonçaient l'écrasement définitif du nouveau régime. Quand les victoires de Hoche libérèrent le territoire, tous ces villageois épouvantés à la pensée des représailles qui les menaçaient, allèrent se réfugier en Allemagne : plus de

20.000 fugitifs passèrent ainsi la frontière. Après le 9 thermidor, la Convention voulut leur rouvrir les portes de la France, mais elle hésita quelque temps, pour discerner entre les hommes qui avaient consciemment servi l'étranger et les paysans affolés par la peur de l'échafaud. Merlin de Douai fit accepter les distinctions nécessaires, et la région de Wissembourg et de Haguenau se repeupla très vite.

Pendant l'année 1795 la réaction thermidorienne alla grandissant en Alsace comme dans le reste de la France, mais sans jamais devenir aussi violente que dans le Midi; les bords de l'Ill ne connurent pas la Terreur blanche. Seulement les citoyens actifs reçurent fort mal le décret des deux tiers, par lequel la Convention forçait les électeurs à choisir dans son sein la majorité des futurs Conseils; ils accueillirent sans résistance la journée du 13 vendémiaire, mais élurent aux Cinq Cents et aux Anciens des députés modérés, souvent d'anciens constitutionnels de 1791. Le gouvernement nouveau du Directoire trouva l'Alsace absorbée par deux soucis, la guerre toujours à ses portes et la question religieuse redevenue pressante.

Depuis la victoire du Geisberg l'ennemi ne reparut plus pendant deux ans : mais en 1795 il menaça de nouveau la frontière du Rhin, car Pichegru engageait alors ses pourparlers avec le prince de Condé; la population alsacienne, qui n'en savait rien encore célébra par des fêtes joyeuses le traité signé à Bâle avec la Prusse. En 1796 Moreau, successeur de Pichegru, pénétra en Allemagne, mais, découvert par les défaites de Jourdan, il dut revenir jusqu'au Rhin. Le danger réveilla le patriotisme de tous : quand les Autrichiens tentèrent un coup de main sur Kehl, le 18 septembre, un corps composé de gardes nationaux renforcés par trois cents ouvriers de l'arsenal accourut de Strasbourg et, après sept heures de combat, aida les troupes à repousser l'ennemi. Quatre mois plus tard, malgré la belle défense du général Desaix, Kehl dut capituler ; la garnison avait un délai de vingt-quatre heures pour emporter ce qu'elle voulait ; la population strasbourgeoise l'aida si activement que tout le matériel de la place fut enlevé à temps. Cependant une colonne ennemie, passant la frontière septentrionale de l'Alsace, avait occupé encore une fois Wissembourg ; la garde nationale mobilisée du Bas-Rhin se concentra fort rapidement pour joindre le général Helmstetter ; les envahisseurs ne l'attendirent pas et rentrèrent en Allemagne. Bientôt les préliminaires de Léoben soulevèrent un enthousiasme général dans ces régions si éprouvées par la guerre depuis quatre ans.

La question religieuse passionnait tous les Alsaciens. Elle parut approcher de la solution quand les conventionnels décidèrent en 1795 de séparer les Églises de l'État, de laisser les cultes libres. Les protestants les premiers en profitèrent; comme ils avaient partout accepté le nouveau régime, on les laissa facilement réorganiser leurs communautés et rouvrir leurs temples. On assista un peu plus tard à un essai de résurrection de l'église constitutionnelle; dans le Bas-Rhin elle était morte depuis la démission de l'évêque Brendel, mais dans le Haut-Rhin un nouveau prélat, Berdolet, choisi par les fidèles en 1796, groupa d'assez nombreux adhérents autour de sa résidence de Soultz. Les prêtres réfractaires ne s'accommodaient pas ainsi du régime adopté par la Convention. Ils reparurent en grand nombre sur la rive gauche du Rhin; ils pourchassèrent les « jureurs » et les jacobins. Plusieurs d'entre eux avaient aux yeux de leurs ouailles le prestige que donnent le martyre, l'exil vaillamment supporté, la mort vue de près : l'abbé Colmar, pour n'en citer qu'un, avait pendant la Terreur maintes fois parcouru l'Alsace, revêtant les déguisements les plus variés, revenant de temps en temps se cacher dans sa ville de Strasbourg où une catholique passionnée, Mlle Humann, se tenait toujours prête à le secourir. Les réfractaires ne séparaient pas la religion de la politique; conformément aux ordres de leur évêque Rohan, ils refusèrent la déclaration générale de « soumission aux lois de la République », demandée par le gouvernement. Plusieurs d'entre eux furent mêlés, en même temps que l'avocat royaliste strasbourgeois Demougé, aux négociations de

Pichegru avec les princes émigrés. La paix victorieuse imposée par Bonaparte à l'Autriche ne les découragea pas, car les élections de 1797 avaient assuré aux modérés, alliés avec les royalistes, la majorité dans les deux Conseils. Mais le coup d'État du 18 fructidor vint ruiner ces espérances. Les deux départements alsaciens figurèrent parmi ceux où les élections furent cassées; les prêtres réfractaires et les émigrés dûrent de nouveau se cacher ou repasser le Rhin.

L'Alsace voyait alors un enfant du Haut-Rhin, Reubell, parmi les membres du gouvernement, et un autre, Kléber, parmi les plus illustres chefs de l'armée. Reubell, avocat au Conseil souverain de Colmar avant la Révolution, s'était rendu populaire chez les paysans par le succès qu'il fit remporter, au bout de quinze ans de procédures, à deux communautés villageoises contre leur suzerain, le duc de Wurtemberg. La confiance de ses concitoyens le fit élire successivement député aux États Généraux, procureur-général syndic du Haut-Rhin, membre de la Convention et des Cinq-Cents; d'ailleurs dix-huit départements le nommèrent au Corps législatif de l'an IV, ce qui prépara son entrée au Directoire. Il en fit partie pendant plus de trois ans et fut le véritable ministre des affaires étrangères de ce gouvernement. Ce personnage laborieux, honnête, rangé, avare, avait gardé un peu trop le goût de la chicane et de la paperasserie, et déplaisait à ses collègues par les sarcasmes qu'il ne leur épargnait pas; mais son application au travail, sa constance dans ses idées, sa connaissance des choses germaniques en faisaient un collaborateur précieux. Barras l'appelait « la forte tête du Directoire », et Napoléon à Sainte-Hélène a reconnu les qualités de cet homme « probe et dur ». Son idée constante fut d'assurer à la France la rive gauche du Rhin ; il y voyait la grandeur de la nation et la prospérité de l'Alsace. Tous les « patriotes » allemands qui l'avaient accueilli à Mayence en 1793 furent protégés, placés, utilisés par lui pour les rapports avec les pays germaniques.

Kléber avait connu Reubell pendant ce siège de Mayence où il révéla ses talents ; depuis lors il n'avait cessé de grandir dans l'estime des soldats et des généraux. C'était un vrai type d'Alsacien, attaché à la discipline, mais souvent grincheux, têtu, gardant son franc parler avec les commissaires de la Convention comme avec les membres du Directoire ou plus tard avec Bonaparte. Fort désintéressé, il écrivait à un ami en 1798 : « Des richesses, je n'en veux point : une seule obole de plus, et surtout mal acquise, dérangerait tout le système de mon bonheur et de ma philosophie. » Admirable à la tête d'une division ou d'un corps d'armée, une certaine défiance de lui-même lui faisait redouter un commandement en chef. Il l'expliquait dans une lettre au Directoire : « Mon premier conseiller, celui dont je crains le plus la censure, c'est le sentiment de mes propres forces, c'est ma conscience. Je ne pourrais impunément la braver. Elle m'ordonne de ne pas compromettre les intérêts de la République en acceptant une place au-dessus de mes moyens. » Il fallut l'expédition d'Egypte et le brusque départ de Bonaparte pour forcer le vainqueur d'Héliopolis à prouver, peu avant sa mort, qu'il était capable de conduire une grande armée.

Tandis que l'Alsace jouissait en 1798 de la paix rétablie avec ses voisins, le territoire français y fut complété par l'annexion de Mulhouse. La petite République avait inauguré depuis cinquante ans cette industrie cotonnière qui devait lui assurer une si brillante prospérité. Mais la Révolution venait de faire rentrer l'Alsace dans le système douanier français ; la ville, qui risquait d'étouffer entre ces barrières nouvelles, comprit la nécessité de l'annexion : la sympathie des Mulhousiens pour les principes de 1789 adoucit les regrets que leur causait le sacrifice d'une autonomie si longtemps conservée. Les bourgeois ratifièrent le traité de réunion par 591 voix contre 15, et la fête civique du 15 mars 1798 célébra l'entrée de Mulhouse dans la grande famille française.

La paix ne dura pas longtemps sur les bords du Rhin; l'attentat de Rastatt marqua le début de la seconde coalition. Les habitants furent requis pour remettre en état les places frontières, Landau, Fort-Vauban, Kehl; ils déployèrent une activité remarquable, et un fonctionnaire du Bas-Rhin put affirmer qu'ils « seraient toujours, comme leur fleuve, le rempart inexpugnable de la République ». La colère causée par le crime de Rastatt, la haine de l'étranger favorisèrent un réveil de l'esprit jacobin; l'Alsace laissa commencer de nouvelles poursuites contre les prêtres réfractaires; en avril 1799 elle envoya aux deux Conseils des hommes de gauche. C'est dans ces circonstances que se produisit le coup d'État du 18 Brumaire.

La Révolution, malgré ses violences, avait accompli une grande œuvre. Elle ruina le régime franco-allemand qui subsistait depuis 1648 : en dépossédant les princes d'Empire qui détenaient un sixième du territoire, en décidant Mulhouse à voter la réunion, elle fit l'Alsace française. Les réformes accomplies par la Constituante, la suppression des droits féodaux, la libération du sol, la vente des biens nationaux, profitèrent à la masse des habitants. Ceux qui avaient participé aux guerres de la Révolution, depuis les Kellermann et les Kléber jusqu'aux simples soldats et aux gardes nationaux, voulurent conserver les conquêtes politiques et sociales faites sous le drapeau tricolore. Il restait à finir la chasse aux prêtres, à constituer une administration régulière, capable d'appliquer le droit nouveau. Ce fut l'œuvre du Consulat et de l'Empire.

CHAPITRE V

Le gouvernement napoléonien

Le 18 brumaire fut accueilli, en Alsace comme ailleurs, avec le scepticisme résigné auquel des coups d'État trop nombreux avaient habitué la France. Mais le gouvernement consulaire gagna bientôt des sympathies précieuses en appliquant une politique d'union, en faisant appel aux feuillants comme aux jacobins, aux émigrés soumis comme aux conventionnels assagis, aux ecclésiastiques réfractaires comme aux prêtres assermentés, pourvu qu'ils fussent prêts à seconder le chef tout-puissant de la République.

La nouvelle administration eut à sa tête les préfets. Ils allaient achever l'unité administrative du pays, appliquer partout les mêmes lois, faire pénétrer jusqu'aux départements les plus éloignés la volonté du pouvoir central. C'étaient les héritiers des intendants; mais un préfet du Bas-Rhin n'avait plus à compter avec les innombrables pouvoirs seigneuriaux et communaux qui gênaient sous l'ancien régime l'action de l'intendant d'Alsace. Le Haut-Rhin fut administré longtemps par Desportes, un ancien diplomate mêlé depuis plusieurs années aux négociations avec les princes allemands ; il se fit aimer dans le pays, qui le présenta plusieurs fois comme candidat au Sénat, puis au Corps Législatif ; mais ses rapports d'amitié avec Moreau devaient amener sa révocation en 1813. Dans le Bas-Rhin, l'administration nouvelle fut organisée par Laumond, un fonctionnaire de carrière, méthodique et avisé, qui fit aussitôt rédiger une très utile *Statistique* du département. Un préfet de cette époque surtout est demeuré célèbre en Alsace par son activité bienfaisante : c'est Lezay-Marnesia, qui fut envoyé dans le Bas-Rhin en 1810 et qui y mourut en 1814. Ce Franc-Comtois, fils d'un gentilhomme novateur qui avait siégé à la Constituante, fréquentait depuis longtemps les salons libéraux et lettrés du Directoire, particulièrement celui de Mme de Staël ; amoureux de poésie et d'art, il se révéla vite homme d'action, tout pénétré des principes du despotisme éclairé, tout dévoué à ses administrés qu'il appelait ses enfants. Sa connaissance de l'allemand l'avait d'abord fait nommer préfet à Coblentz, mais c'est dans le Bas-Rhin qu'il donna toute sa mesure. Ce n'était pas un bureaucrate ; la paperasserie, les « rapports » lui plaisaient peu ; il parcourait sans cesse le département, causait avec les paysans en allemand. Grand constructeur de routes, il s'intéressait particulièrement aux chemins vicinaux ; les ouvriers chargés de les faire voyaient souvent apparaître le préfet, qui les encourageait à bien travailler, puis leur distribuait les provisions et les bouteilles de vin apportées dans sa voiture. L'hygiène publique l'occupait également : il partagea le pays en trente-quatre districts, pourvus chacun d'un médecin cantonal payé par le département ; ces médecins furent chargés surtout de propager la vaccination, qui triompha des préjugés hostiles encore assez répandus. Ce préfet autoritaire savait voiler son despotisme sous des formules flatteuses pour ses administrés ; vis-à-vis des ministres il conservait son franc-parler, blâmant l'abus des documents écrits, proposant de remplacer les sous-préfets sédentaires par des *missi dominici* ambulants du préfet, proposant aussi de distribuer aux pauvres les marchandises anglaises au lieu de les brûler comme Napoléon l'avait ordonné. L'accident de voiture qui lui coûta la vie en 1814 causa des regrets unanimes, et un monument rappelle encore son souvenir à Strasbourg.

Les préfets rencontrèrent le concours et l'appui de la nouvelle couche sociale formée par la Révolution, la classe des notables ou, pour parler plus simplement, la bourgeoisie. Elle prit sous Napoléon la place occupée autrefois par la noblesse féodale et par les patriciens des Magistrats. Plusieurs des vieilles familles voisinaient d'ailleurs, dans la nouvelle classe dirigeante, avec les commerçants enrichis par la guerre, les notaires, et les « propriétaires » établis à la campagne, mais dirigeant de haut l'exploitation de leurs terres. Ainsi le conseil général nommé dans le Bas-Rhin en 1800 comprend un membre de la vieille aristocratie, Wangen de Geroldseck, un patricien strasbourgeois de la famille bien connue des Turckheim, cinq notaires, des commerçants notables tels que l'imprimeur Levrault, et plusieurs propriétaires. Beaucoup des grosses fortunes commerciales de l'Alsace datent de cette époque : elles étaient dûes à l'important trafic provoqué par la présence de garnisons nombreuses, riches et dépensières; la guerre avec l'Angleterre y contribua plus encore, parce que, les routes maritimes étant fermées, Strasbourg put retrouver le commerce de transit que lui avait fait perdre le déplacement des douanes : les soieries de Lyon, les vins de Bourgogne et de Bordeaux, les fruits du Midi allaient par l'Alsace vers l'Allemagne du Nord et la Hollande. Au commerce licite se joignait le commerce clandestin : à Strasbourg et à Mulhouse, comme dans toutes les villes situées près des frontières du grand empire, la contrebande sur les marchandises anglaises et sur les denrées coloniales donna lieu à des spéculations fructueuses.

Les campagnes, pendant la belle époque du régime napoléonien, de 1800 à 1807, furent aussi favorisées que les villes. La paix de Lunéville (1801) mit fin aux réclamations des princes possessionnés en leur assurant des indemnités en Allemagne; ce fut un bénéfice net pour les paysans alsaciens de n'avoir plus à payer, comme en 1789, 800.000 livres au landgrave de Hesse-Darmstadt, 385.000 livres au prince-évêque de Spire, 471.000 livres au prince-évêque de Strasbourg. Le Concordat en même temps rassura complètement les acquéreurs de biens nationaux. Ils étaient nombreux dans toutes les classes : les petits paysans avaient acheté beaucoup de parcelles; les bourgeois avaient acquis de grands terrains autour des villes; mais la plupart des biens vendus étaient allés aux paysans déjà aisés, qui devinrent ainsi les « propriétaires ». Les acquéreurs avaient été plus nombreux au début parmi les protestants que parmi les catholiques, retenus quelque temps par un scrupule religieux. Les cultivateurs de tous les degrés, déchargés des anciennes redevances, ne trouvaient pas trop lourdes les quatre contributions directes. Le monopole du tabac fut plus mal accueilli dans le Bas-Rhin, où cette culture avait un grand développement; Lezay-Marnesia ne négligea aucune précaution pour apaiser les agriculteurs en leur promettant que la régie achèterait leur récolte à un prix régulier et satisfaisant.

Si les paysans appréciaient maintenant tous les bienfaits de la Révolution, c'est que la paix religieuse était complètement rétablie. Dès l'année 1800 on avait appliqué avec de grands ménagements le régime de la séparation, en fermant les yeux sur le retour des prêtres réfractaires, pourvu qu'aucun d'eux ne troublât l'ordre public. Ensuite le Concordat fut conclu : Rohan, sur l'ordre de Rome, donna sa démission d'évêque, peu de temps avant de mourir à Ettenheim. Le Premier Consul voulut montrer qu'il choisissait les prélats dans les deux clergés rivaux, et que les prêtres d'Alsace, longtemps alliés de la contre-révolution, devaient s'incliner devant les pouvoirs issus de la France nouvelle : ce fut un ancien évêque constitutionnel, Saurine, qui alla occuper le siège de Strasbourg. La douleur fut grande chez les anciens réfractaires, mais ils n'osèrent point désobéir au prélat qui avait reçu l'investiture du Saint-Siège. L'ancien évêque constitutionnel du Haut-Rhin, Berdolet, devint évêque d'Aix-la-Chapelle. Mais on fit également appel aux insermentés : l'abbé Colmar devint évêque de Mayence. Un de ses amis, qui avait lutté avec la même ardeur que lui contre la Révolution, l'abbé Liebermann, voulut quelque temps résister à Saurine, puis fut compromis dans la conspiration de Cadoudal; comme on tenait à l'éloigner de l'Alsace, Colmar obtint de le faire venir auprès de lui et le nomma directeur du grand séminaire de Mayence. Les vieilles querelles s'assoupirent ainsi chez les catholiques.

Les protestants furent pleinement satisfaits du régime établi par les articles organiques de 1802. Koch, l'ancien juriste que nous avons vu siéger à la Législative, était devenu membre du Tribunat et se fit l'interprète de leurs désirs. L'église luthérienne d'Alsace fut l'objet d'articles organiques spéciaux qui créèrent le Directoire de Strasbourg, au-dessous de lui les « inspections » régionales, et qui lui assurèrent ainsi une organisation plus complète, plus cohérente, qu'à l'Église réformée de France. L'État, il est vrai, se réservait de nommer les pasteurs; mais en leur assurant un traitement régulier, en les mettant par là sur le même pied que les curés, il substituait au régime de la tolérance, inauguré en 1787, celui de l'égalité. C'était là pour les protestants une conquête précieuse. Si leur vieille Université avait disparu, on créa l'Académie protestante de Strasbourg, c'est-à-dire la Faculté de théologie, en la mettant sous le contrôle du Directoire luthérien.

Le protestantisme alsacien s'honorait dès ce moment de compter parmi ses membres un pasteur destiné plus tard à une célébrité universelle : c'était Jean-Frédéric Oberlin, le frère de celui qui dirigeait le gymnase de Strasbourg. Il occupait depuis 1767 la cure de Waldersbach, village situé dans une vallée sauvage des Vosges, le Ban-de-la-Roche. C'était à la fois un mystique, tout pénétré de la ferveur du piétisme, et un philanthrope occupé de choses pratiques, persuadé qu'il faut améliorer la condition matérielle des pauvres pour les rendre capables d'aimer et de prier Dieu. Il avait transformé les rudes paysans de ce coin des Vosges; ils apprirent à mieux cultiver leurs terres, à envoyer leurs enfants à l'école primaire. Oberlin accueillit avec enthousiasme la Révolution; il en célébra souvent les principes et approuva son fils allant s'engager dans un bataillon de volontaires où il fut tué. La Terreur épargna Oberlin, sauf un emprisonnement de cinq jours; après le 9 thermidor, son ami Grégoire put bientôt lui envoyer un procès-verbal de la Convention félicitant le pasteur de son œuvre bienfaisante. Sous le Consulat et l'Empire il fut traité avec distinction par les fonctionnaires de tout ordre; Lezay-Marnésia s'était pris d'affection pour lui, et le préfet détaché des groupes confessionnels aimait à s'entretenir sur les choses religieuses avec ce piétiste convaincu. Oberlin trouva un entourage digne de lui; sa servante Louise Scheppler fut la véritable fondatrice des écoles maternelles.

A côté des catholiques et des protestants, le groupe israélite conquit l'égalité grâce à la Révolution. Devant la Constituante, les députés d'Alsace avaient émis des opinions opposées : tandis que Victor de Broglie réclamait pour les juifs le bénéfice des principes nouveaux, Reubell exposa contre eux les griefs des paysans du Sundgau : finalement l'assemblée dans une de ses dernières séances, le 27 septembre 1791, révoqua toutes les exceptions concernant ceux qui prêteraient le serment civique et renonceraient ainsi au régime spécial par lequel on en faisait une nation à part. La question de principe était ainsi résolue; restait à régler le problème économique, à réprimer l'usure et à préparer la transformation des mœurs. Ce fut l'Empire qui s'en chargea. Les ennemis des juifs, tels que Bonald, les déclaraient indignes de profiter des libertés nouvelles; on leur reprochait d'avoir agioté sur lesassignats depuis quinze ans. Napoléon était disposé à prendre des mesures d'exception contre le groupe d'Alsace; mais les juristes du Conseil d'État, comme Beugnot et Regnaud de Saint-Jean-d'Angely, défendirent fermement les bases du Code civil, l'égalité devant la loi et le droit de propriété. En 1806 on consulta successivement les représentants laïques du judaïsme dans l'assemblée générale, puis les rabbins dans le grand Sanhédrin; l'esprit moderne, l'esprit d'assimilation triompha chez les uns et les autres sur la tendance favorable au maintien du particularisme confessionnel. Ainsi furent préparés les décrets de 1808. Ils assurèrent au judaïsme une organisation religieuse régulière, mais ils imposèrent pour dix années aux juifs d'Alsace et de Lorraine un régime économique spécial. Celui qui voulait exercer un commerce devait solliciter annuellement du préfet une patente, accordée après une enquête faite sur sa moralité; les débiteurs des juifs obtinrent des délais pour se libérer, et purent se faire accorder par les tribunaux des réductions s'ils prouvaient qu'on leur avait extorqué un intérêt usuraire. On traita d'ailleurs avec une faveur spéciale quelques hommes qui avaient rendu service à l'État, comme Mayer Samuel, notable banquier de Strasbourg.

Les divers clergés, à la fois protégés et surveillés par l'État, furent heureux de recouvrer leur autorité sur l'enseignement primaire. Sur ce point les efforts des assemblées révolutionnaires avaient échoué. On sait que Napoléon négligea complètement l'instruction du peuple. En Alsace comme ailleurs elle fut abandonnée à la bonne volonté des communes, et celles-ci laissèrent le maître d'école redevenir l'humble vassal du pasteur ou du curé. C'était sans inconvénient sous la direction d'un pasteur comme Oberlin, qui joignait au respect de l'instruction un véritable génie pédagogique; mais en général lè personnel des instituteurs fut très médiocre, et l'enseignement du français recula d'autant plus que les jacobins l'avaient imposé par la force. Un homme essaya de remédier à cet abandon, ce fut l'infatigable Lezay-Marnesia : bien secondé par le recteur Montbrison et le conseiller de préfecture Levrault, il fonda une école normale qui devait assurer pendant longtemps au Bas-Rhin une avance notable sur le reste de la France.

L'enseignement des classes dirigeantes fut mieux

organisé que celui du peuple. Les collèges catholiques et protestants avaient peu à peu disparu sous la Convention. Mais celle-ci organisa les Écoles centrales; celle du Bas-Rhin, après quelques mois d'hésitation, fonctionna bien et devenait une des meilleures de France quand le gouvernement consulaire la supprima en 1802. La création des lycées, puis de l'Université assura dans tout l'empire un enseignement régulier, uniforme, donné en français. Le lycée de Strasbourg et les collèges communaux attirèrent bien vite, à côté des fils d'officiers et de fonctionnaires, les enfants de la bourgeoisie alsacienne, chez qui la connaissance du français grandit à l'époque même où elle diminuait dans le peuple. Le lycée de Strasbourg eut un concurrent dans le gymnase protestant, qui put se relever d'autant mieux qu'on rendit aux chanoines protestants de Saint-Thomas les riches fondations destinées à le faire vivre. Ce gymnase, qui eut de nouveau pour directeur le vieux Jacques-Jérémie Oberlin, conserva ses anciennes méthodes, inférieures à celles du lycée; mais à côté du français il avait le mérite d'enseigner à fond l'allemand, ce qui permettait à ses élèves d'utiliser leur savoir sur les deux rives du Rhin.

L'enseignement supérieur fut réorganisé. La Convention avait créé des écoles de santé, destinées surtout à former des médecins militaires; l'une d'elles, installée à Strasbourg, devint l'École de médecine. En 1803 vint s'y ajouter la Faculté de théologie, placée sous le contrôle du Directoire luthérien ; puis ce fut le tour de l'École de droit. Enfin le décret de 1808 institua les Facultés des sciences et des lettres. Ces fondations isolées ne satisfaisaient pas complètement les Strasbourgeois, qui plusieurs fois essayèrent de faire comprendre à Paris les avantages d'une grande Université constituée sur le modèle allemand ; du moins elles entretenaient dans la ville alsacienne la vie intellectuelle. On eut soin de nommer dans les nouvelles Facultés quelques survivants de la vieille Université protestante : un des plus renommés, le célèbre helléniste Schweighæuser, après avoir été professeur à l'École centrale, puis au lycée, devint doyen de la Faculté des lettres et eut la joie de voir son fils, un ancien soldat de 1792, acquérir une véritable renommée comme connaisseur des antiquités alsatiques. L'Institut de France conféra le titre d'associés non résidents à plusieurs savants strasbourgeois, comme Schweighæuser, le juriste Koch, le gymnasiarque Oberlin et le mathématicien Arbogast qui avait eu l'honneur de présenter à la Convention, dont il était membre, le rapport sur le système métrique.

CHAPITRE VI

Les guerres de l'Empire.

Les guerres glorieuses faites pendant vingt ans achevèrent la fusion de l'Alsace avec la France. De tout temps les Alsaciens avaient eu l'esprit militaire et fourni des volontaires nombreux, non seulement à la France, mais à d'autres pays qui leur offraient l'occasion de se battre : n'était-ce pas dans l'armée autrichienne qu'un Schérer et un Kléber avaient fait leurs débuts de soldats? Mais la Révolution les appela tous à défendre la liberté, à chasser les envahisseurs, à garder les lignes de Wissembourg et les bords du Rhin. Depuis 1799 jusqu'à 1813 on ne craignit plus l'invasion : l'Alsace était couverte au Nord par le Palatinat devenu français, à l'Est par les nouveaux États allemands vassaux de Napoléon ; ses habitants purent, sans crainte pour leur territoire, participer aux conquêtes impériales. La conscription fut moins lourde, jusqu'en 1807, que ne l'avaient été les réquisitions et les levées en masse pendant la Convention et le Directoire; la bourgeoisie aisée, qui pouvait maintenant fournir des remplaçants, trouva toujours dans la population rurale, à des conditions très abordables, autant d'hommes qu'il lui en fallait. Dans ce pays aux familles nombreuses, beaucoup de fils de paysans préféraient les hasards et les émotions de la guerre au labeur de l'usine ou de la ferme; le remplacement devait rester pendant plus de soixante ans une institution fondamentale de la vie alsacienne.

Conscrits ou remplaçants, tous les soldats savaient que l'avancement leur était ouvert, qu'aucune barrière légale, aucun préjugé social n'arrêterait ceux qui savaient se distinguer sur le champ de bataille. Chacun pouvait espérer prendre place parmi les sous-officiers, qui tenaient le haut du pavé dans les petites villes de garnison, où même parmi ces brillants officiers qui paradaient sur les places de Strasbourg et de Colmar. On se répétait les noms des militaires les plus glorieux de la province. Bien que Sarrelouis fût à la lisière de l'Alsace, on y rattachait volontiers cette petite ville qui fournit en vingt ans à l'armée française plus de cent cinquante officiers; on savait que le plus grand de tous, fils d'un simple tonnelier, le maréchal Ney, avait été à ses débuts distingué, encouragé par Kléber. Un de ses compagnons d'armes, le fils d'un meunier de Rouffach, avait mérité par son héroïsme à Fleurus que la Société populaire de cette localité adressât une lettre de félicitations à sa mère, la « citoyenne veuve Lefebvre » ; devenu le maréchal Lefebvre, duc de Dantzig, il aimait venir se reposer dans son pays natal, où tous lui faisaient fête. Sa femme, alsacienne aussi, une ancienne servante d'auberge, a été illustrée par la légende et le théâtre ; tous les deux avaient le parler pittoresque du peuple, mais leur esprit naturel, leur dignité simple les garantissaient contre les ridicules qui guettent les parvenus. Le fils du concierge du Conseil souverain de Colmar avait été remarqué par Desaix comme Ney par Kléber ; après la mort de son chef il devint aide de camp de Napoléon qui aima toujours le « fidèle Rapp ». Le héros d'Austerlitz et d'Essling, vingt-quatre fois blessé, fut pour l'Empereur un serviteur dévoué, mais franc, qui montra la gravité du désastre de Bailen, qui blâma le divorce avec Joséphine et déconseilla la campagne de Russie. Bien d'autres arrivèrent aux grades élevés, prolétaires comme ce gardeur d'oies qui devint le général Schramm, ou membres de la vieille noblesse du pays, comme les généraux de Reiset, de Cœhorn, de Berckheim ; sans faire une énumération inutile, rappelons seulement qu'il y a vingt-huit Alsaciens parmi les généraux dont les noms sont inscrits sur l'arc de triomphe de l'Étoile. A côté des généraux et des officiers, il faut mentionner un personnage à part, le « grand espion » de Napoléon, ce Schulmeister qui prépara la capitulation d'Ulm en se faisant communiquer tout le plan de campagne de Mack; après avoir bravé dix fois la mort, il devait vivre paisible à Strasbourg, sa ville natale, jusqu'à l'âge de quatre-vingt-trois ans.

En dehors de l'armée, les conquêtes impériales offraient de nombreux débouchés aux jeunes gens actifs et ambitieux. A une époque où la France avait tant de pays allemands à gouverner, à transformer, à pénétrer de son esprit, c'était chose précieuse pour elle de posséder sur les bords de l'Ill une pépinière de fonctionnaires sûrs, consciencieux, qui savaient aussi bien l'allemand que le français. Le Directoire y avait déjà recouru : un ancien représentant du Haut-Rhin à la Législative, Rudler, fut chargé par lui d'organiser les nouveaux départements conquis sur le Saint-Empire; un de ses compatriotes, Rosenstiehl, fut emmené comme secrétaire général par les plénipotentiaires français à Rastatt. Pendant le Consulat et l'Empire, les gens du même pays gouvernèrent plus d'une fois l'Allemagne française. Lors des sécularisations de 1803, tous les princes allemands se pressèrent dans la mansarde où l'Alsacien Mathieu, un des meilleurs commis des affaires étrangères, préparait la besogne de Talleyrand. Nous avons vu que deux prélats, Colmar et Berdolet, occupèrent les sièges de Mayence et d'Aix-la-Chapelle. Un Colmarien, Moll, nommé directeur général des contributions directes à Dusseldorf, prit avec lui quelques jeunes compatriotes sachant bien le bon allemand; dans le grand-duché de Berg, on envoya le général Marx former la cavalerie, le colonel Fittreman organiser la légion de gendarmerie.

On comprend que l'Alsace, qui participait aux victoires, qui profitait de la grandeur française, ait longtemps aimé Napoléon. Il traversa plusieurs fois Strasbourg, s'arrêtant quelques heures au palais impérial, l'ancienne résidence des Rohan que la Ville lui avait offerte. On l'y acclama longuement avant la capitulation d'Ulm, puis après la victoire d'Austerlitz; on l'y vit passer en 1809, partant pour la campagne qui devait se terminer à Wagram. Cependant à partir de 1810 on commença, là comme ailleurs, à sentir le poids du despotisme napoléonien : les libéraux souffraient de la contrainte croissante, les catholiques s'indignaient de voir le Souverain Pontife prisonnier. La conscription devenait accablante : il fallut toute l'habileté de Lezay-Marnesia pour diminuer le nombre des insoumis, pour épargner à son département l'humiliation de revoir la colonne mobile envoyée en 1811 à la poursuite des réfractaires.

La confiance dans la fortune de l'Empereur demeurait complète, lorsque la campagne de 1813 et le désastre de Leipzig firent apparaître la probabilité d'une invasion nouvelle. Contre celle-ci rien n'était prêt; c'est le long de l'Elbe, de l'Oder, que se trouvaient depuis plusieurs années les forteresses, les magasins, les dépôts avancés des armées françaises. Il fallut tout refaire, pourvoir aux munitions, aux fortifications. Une fois de plus on vit à l'œuvre le patriotisme des habitants : ils fournirent à l'envi des gardes d'honneur, des cavaliers tout équipés. Toutes les troupes qui traversaient le pays reçurent l'accueil empressé des bourgeois et des paysans. Ségur, dans ses Mémoires, ne tarit pas en éloges sur le compte de ces derniers : quand il emmena son régiment de Wissembourg à Phalsbourg, chaque soir ils se disputaient le plaisir de loger hommes et chevaux ; quelques-uns aidaient à barricader les routes ; d'autres allaient hardiment reconnaître les avant-postes ennemis. « Nous fûmes, ajoute Ségur, bien mieux éclairés et guidés par eux que par nous-mêmes, et il n'y avait pas de meilleurs, de plus généreux, de plus braves Français dans toute la France. » Mais les légions de la garde nationale, improvisées en quelques semaines et mal armées, ne pouvaient offrir grand appui au corps insuffisant du maréchal Victor. Les ennemis, passant par le pont de Bâle, entrèrent dans le Haut-Rhin et occupèrent la province à peu près abandonnée par Napoléon ; seules les forteresses, bloquées sans être attaquées sérieusement, demeurèrent aux mains des troupes françaises jusqu'à la fin de la lutte. Quand Napoléon voulut recourir aux moyens révolutionnaires et, par le décret du 5 mars 1814, appela tous les citoyens de l'Est à faire la guerre de partisans, il était trop tard. Nicolas Kœchlin, fabricant de Mulhouse où il était colonel de la garde nationale, fut présenté par le maréchal Lefebvre à l'Empereur et bientôt chargé d'aller soulever le peuple; mais il ne parvint à Mulhouse qu'après l'abdication de Fontainebleau. Quelques bandes franches se formèrent cependant; la plus célèbre fut organisée à Rothau par le maire Nicolas Wolff, un riche propriétaire; il réunit 3 à 400 montagnards, battit à l'entrée de Rothau un détachement badois, et disparut quand on apprit la chute de l'Empire.

Pendant deux mois les Alsaciens se demandèrent anxieusement si leur pays ne serait point séparé de la France. Arndt, le poète pangermaniste, n'avait-il pas publié avec grand succès la brochure intitulée : « Le Rhin, fleuve de l'Allemagne, mais non frontière de l'Allemagne » *(Der Rhein Teutschlands Strom, aber nicht Teutschlands Grenze)?* Le traité du 30 mai les rassura. Grande fut la déception des patriotes allemands; toutefois les plus intelligents parmi eux reconnurent quels étaient les vrais sentiments des « frères » vainement réclamés par eux. Le *Mercure rhénan* avoua que les Alsaciens avaient parlé, si on livrait le pays, d'émigrer avec leur bétail après avoir mis le feu aux villages; il l'expliqua par la crainte d'être asservis, comme les gens d'outre-Rhin, à de petits souverains égoïstes, prodigues et despotes. Malgré les efforts des envoyés de Louis XVIII, les officiers allemands furent hués dans les rues de Strasbourg. Le poète Rückert exprima dans son « chant de honte » la colère des soldats allemands évacuant le sol français : « Et toi, Alsace, race dégermanisée, tu nous trailles aussi, ô dernière des hontes! »

La levée de boucliers des journaux allemands provoqua les réponses d'un écrivain strasbourgeois, Ehrenfried Stœber; c'était un poète patriote et libéral, qui aimait se servir du dialecte indigène, et qui disait volontiers que sa lyre était allemande, mais son épée française et fidèle au coq gaulois Les Alsaciens, dit-il, ne sont pas des êtres hybrides : ils sont Français, tout en s'intéressant à la langue, à la littérature, aux travaux de l'Allemagne; l'Alsace est destinée à favoriser les contacts entre deux grands pays. Stœber désavoue les guerres de conquête faites par Napoléon : « mais si l'on parle des guerres de la Révolution où nous avons combattu pour notre indépendance et pour la conservation des droits imprescriptibles de l'homme, nous sommes fiers de notre empressement ». Stœber terminait par des paroles de paix, souhaitant la réconciliation entre « la force d'Hermann et le courage de Roland ».

Les Bourbons furent accueillis sans répugnance, puisqu'ils avaient obtenu le salut de l'Alsace et le départ immédiat des armées coalisées; on savait gré à Louis XVIII d'avoir octroyé la Charte qui assurait le maintien du nouveau régime. Cependant les prétentions des émigrés, les attaques dirigées contre les anciens prêtres constitutionnels, les menaces contre les acquéreurs de biens nationaux firent bientôt des mécontents ; ce pays de soldats regrettait le drapeau tricolore. Aussi Napoléon revenant de l'île d'Elbe fut-il acclamé, non seulement par les troupes du maréchal Suchet, mais par le peuple. Les préfets impériaux furent bien accueillis : celui du Bas-Rhin, l'ancien conventionnel Jean de Bry, appela ses administrés à combattre quiconque voudrait « la proscription des lumières, l'esclavage de la pensée, le retour des privilèges héréditaires et des abus féodaux ». Il encouragea les « idéologues », les anciens jacobins, à former la Confédération des départements du Rhin, qui célébra le 6 juin une grande fête patriotique à Strasbourg. Mais quinze jours plus tard c'était Waterloo. Rapp, mis par Napoléon à la tête du corps d'armée d'Alsace, fit de son mieux; le 28 juin, débouchant de Strasbourg, il exécuta une brillante sortie contre les Wurtembergeois; le 9 juillet, quand Paris était déjà pris, une vigoureuse attaque les refoula encore, tandis que les gens de Strasbourg, hommes et femmes, venaient chercher et soigner les blessés français. A Huningue, la population civile aida également Barbanègre dans son héroïque défense. Mais il fallut se soumettre. Cette fois l'Alsace fut sérieusement menacée, mais l'intervention du tsar Alexandre la sauva encore une fois des convoitises prussiennes. On fit, il est vrai, des percées dans la frontière du Nord : Sarrelouis, la patrie de Ney, Landau, la vieille forteresse imprenable, passèrent aux Allemands. Toutefois la province réunie en 1648 demeura française.

CHAPITRE VII

La vie politique de 1815 à 1848.

Les débuts de la seconde Restauration furent pénibles pour l'Alsace. Elle eut à loger et à nourrir pendant trois ans les troupes wurtembergeoises, qui lui laissèrent les plus mauvais souvenirs; la famine de 1817 aggrava bientôt la situation. Mais le pays se remit de cette crise avec une rapidité plus grande encore que le reste de la France. Un observateur compétent, Charles Dupin, un des fondateurs de la statistique moderne, le montra dans son livre sur les *Forces productives et commerciales de la France* (1827). Le Bas-Rhin et le Haut-Rhin lui inspirent une véritable admiration par leur activité. Dans le Bas-Rhin l'agriculture est prospère, grâce à l'emploi des méthodes nouvelles qui suppriment les jachères; les cultures industrielles, garance, tabac, houblon, sont très développées. Les fabriques abondent : c'est Bouxwiller avec son usine de produits chimiques, fondée en 1821; c'est Molsheim avec sa manufacture de quincaillerie, installée en 1817 pour occuper les ouvriers que la paix a fait renvoyer par la fabrique d'armes de Mutzig. Dans le Haut-Rhin l'élevage est très bien entendu; mais c'est l'industrie qui règne dans tout le département, avec les maisons des Haussmann au Logelbach, des Hartmann à Munster, des Jappy à Beaucourt, et surtout avec les fabriques de Mulhouse. « Je ne puis quitter l'Alsace, dit finalement Dupin, sans rendre hommage à l'active industrie, au courage, à la persévérance, à l'esprit ingénieux, au patriotisme de ses bons et généreux habitants ».

Ayant repris confiance dans l'avenir, l'Alsace ne tarda point à suivre avec intérêt les luttes politiques. Les partis sous la Restauration se réduisirent assez vite à deux : les royalistes, amis des Bourbons, des émigrés et du clergé; les libéraux, tous fidèles aux idées de la Révolution, les uns acceptant les Bourbons avec la Charte, les autres gardant le regret de l'Empire ou de la République. Le peuple alsacien, où les vieux soldats abondaient, soutenait d'instinct les libéraux; il aimait saluer les héros de la grande épopée quand ils revenaient au pays. En 1820 on apprit la mort de Kellermann, on connut le testament où il ordonnait que son cœur fût transporté à Valmy. Quelques jours plus tard ce fut la mort de Lefebvre, du héros populaire qui ne rougissait jamais de sa modeste origine, qui disait à un gentilhomme prétentieux : « Ne soyez pas si fier de vos ancêtres ; je suis un ancêtre, moi ». Son ami Rapp, qui venait chaque année à Colmar présider le conseil général, disparut l'année suivante. Leurs compatriotes gardaient le culte de Napoléon.

Les sentiments étaient les mêmes chez les électeurs, c'est-à-dire chez les citoyens payant trois cents francs de contributions directes. Un préfet du Haut-Rhin écrivit dans un rapport de 1818 : « Tous sont soumis, mais aucun n'est royaliste ». De Serre, élu dans le même département contre la droite, put écrire à un ami : « L'ultra-royalisme n'est pas le mal qui travaille mes électeurs ». Le royaliste Puymaigre, qui fut préfet à Colmar et qui a laissé des souvenirs curieux sur sa carrière mouvementée, se plaignait de ses administrés au ministre en 1821 : « Ils ajoutent foi, disait-il, avec une déplorable crédulité à tous les systèmes politiques les plus dangereux ». Cette même année le général Foy, faisant une tournée en Alsace, reçut l'accueil le plus chaleureux, surtout à Mulhouse où il s'écria : « Si jamais l'amour de tout ce qui est grand et généreux s'affaiblissait dans le cœur des habitants de la vieille France, il faudrait qu'ils passassent les Vosges et qu'ils vinssent en Alsace pour y retremper leur patriotisme et leur énergie ». La charbonnerie fit peu de recrues militantes, car l'Alsacien est ami de l'ordre et peu disposé à conspirer; mais elle rencontra des sympathies nombreuses, et l'exécution du colonel Caron, victime d'agents provocateurs à Belfort, indigna les Strasbourgeois qui en furent témoins.

Les électeurs avaient quelquefois de la peine à trouver des candidats, puisque ceux-là seuls étaient éligibles qui payaient mille francs de contributions directes. C'était une chose coûteuse qu'un mandat de député; l'élu, ne recevant aucune indemnité, devait subvenir aux frais de son séjour à Paris et des voyages, alors si longs, entre la capitale et son département. Les députés furent dans le Bas-Rhin des capitalistes notables, comme Humann, le futur ministre, et Turckheim, grand banquier qui appartenait à la famille de l'élu de 1789; dans le Haut-Rhin l'on choisit souvent des manufacturiers, comme Jacques Kœchlin, ce libéral bonapartiste qui se fit bâtir une maison sur le modèle de celle qu'habitait l'Empereur à Sainte-Hélène. On nommait aussi de hauts fonctionnaires, qui obtenaient souvent l'appui du gouvernement : de Serre était premier président de la cour royale de Colmar lorsqu'il fut envoyé à la Chambre introuvable, et devint bientôt célèbre comme un des meilleurs orateurs de la Chambre. Les Alsaciens influents faisaient aussi venir des candidats parisiens, connus dans le parti : Hartmann, le grand fabricant de Munster, fit élire Bignon; Coulmann, un électeur de Brumath qui habitait Paris, patronna et fit réussir la candidature de Benjamin Constant; des influences locales assurèrent aussi le succès, maintes fois répété, de Voyer d'Argenson, grand seigneur à tendances républicaines et socialistes qui trouvait les libéraux bien tièdes.

Quand la droite fut victorieuse après 1821 dans la France entière, elle obtint aussi quelques succès dans les deux départements de l'Est, en empêchant, par exemple, la réélection du comte de Serre. Mais la majorité de la députation alsacienne prit part à la lutte contre Villèle et fut satisfaite lorsqu'il céda la place à Martignac. Charles X vint alors, en 1828, faire un voyage sur les bords du Rhin ; il y fut très bien reçu, car la population tenait à montrer son loyalisme, et la bourgeoisie croyait le prince rallié aux idées modérées. On le fêta beaucoup à Mulhouse, qu'il proclama « la capitale de l'industrie française ». Malheureusement le vieux roi emporta de ce voyage triomphal la persuasion que sa popularité lui permettrait de suivre une politique personnelle. Sur les onze députés d'Alsace, il y en eut sept qui firent partie des 221 : on les réélut en juillet 1830. Quelques semaines plus tard, la nouvelle des ordonnances émut profondément le pays : avant même qu'on fût assuré de la victoire de la révolution à Paris, un comité libéral s'était emparé du pouvoir municipal à Colmar. Le retour du drapeau tricolore causa une joie unanime.

L'Alsace pendant dix-huit ans fut pleinement dévouée à la monarchie de Juillet. Les partis antidynastiques y demeurèrent sans force. Le parti légitimiste existait à peine; la vieille noblesse, qui aurait pu le soutenir, se rallia presque tout entière. Un membre de cette classe, le comte de Durckheim, a publié une curieuse autobiographie écrite en allemand. Sa famille, émigrée pendant vingt ans, était plus allemande que française, et ses frères allèrent servir dans l'armée autrichienne; mais lui-même reçut l'éducation française, fit son droit à Strasbourg, acclama la révolution de 1830 et fut bientôt nommé sous-préfet. Le parti bonapartiste avait encore moins de force que le parti carliste : on vénérait la mémoire de l'Empereur, le bonapartisme sentimental existait partout, mais la tentative de Louis-Napoléon à Strasbourg en 1836 ne fut pas soutenue par la population et ne causa guère que de l'étonnement. Le parti républicain rencontra quelques adhésions au début, dans la bourgeoisie plus que dans le peuple; mais les violences des républicains firent mauvais effet; Louis-Philippe était aimé dans toute la région, et les attentats contre lui éloignèrent les hommes disposés pendant quelques années à soutenir la cause démocratique. On citait cependant quelques républicains notoires, et parmi eux deux des principaux avocats de l'Alsace, Ignace Chauffour à Colmar et Lichtenberger à Strasbourg. Ce dernier, qui avait défendu Caron devant le conseil de guerre, fit acquitter par le jury strasbourgeois les complices de Louis-Napoléon; les républicains parisiens le mirent sur la liste des défenseurs chargés de plaider pour leur parti devant la Cour des pairs.

La plupart des électeurs ne songeaient qu'à choisir entre les deux partis dynastiques, celui du mouvement et celui de la résistance. Le premier fut le plus fort après 1830 : le Bas-Rhin élut députés Coulmann-d'Argenson, Lafayette, Odilon Barrot; un peu plus tard la maladresse d'un préfet amena l'élection de Martin (de Strasbourg), un avocat renommé qui inclinait vers les idées républicaines. Mais peu à peu le parti de la résistance gagna du terrain, en utilisant la colère soulevée par les attentats contre le roi. Il avait à sa tête un personnage important, Humann, plusieurs fois ministre des finances, et grand ami de Guizot. Les journaux antidynastiques de Paris se moquèrent souvent de son accent et racontèrent que, comme il disait à la tribune « mes projets sont détruits », la Chambre avait compris « mes brochets sont des truites »; mais ces railleries inoffensives n'empêchaient pas les Alsaciens d'être fiers de leur compatriote, qui mourut ministre. Guizot, pendant les sept années consécutives où il garda le pouvoir, vit presque tous les élus des deux départements s'enrôler dans sa majorité. Il faisait pour cela toutes les concessions nécessaires. Durckheim, étant sous-préfet de Wissembourg, avait combattu un candidat opposant celui-ci, une fois élu, proposa de se rallier au ministère, à condition qu'on lui changerait son sous-préfet; il obtint gain de cause et Durckheim fut envoyé à Péronne, avec le ruban rouge comme fiche de consolation. Mais il y avait des motifs plus sérieux pour expliquer l'adhésion du pays légal au parti conservateur. La haute bourgeoisie, absorbée par l'industrie, n'avait qu'à se louer de la politique douanière de Guizot et de son intérêt pour le progrès économique; la bourgeoisie moyenne voyait les fonctions publiques largement ouvertes à ses fils, qui avançaient vite grâce à leurs qualités de travailleurs exacts et réguliers.

Toutefois ces dispositions favorables n'étouffaient pas l'esprit frondeur des Alsaciens : se réunir à la brasserie et boire des chopes en critiquant le gouvernement fut toujours un de leurs plaisirs favoris. Tout le monde à Strasbourg lisait le *Courrier du Bas-Rhin*, journal à tendances démocratiques, dont le directeur Bœrsch aimait à railler les « Welches » et connaissait à fond les goûts de ses concitoyens. Le préfet disait dans un rapport de 1841 : « L'influence du *Courrier du Bas-Rhin*, qui s'imprime dans les deux langues, est incontestable; il dirige et il fait l'opinion à Strasbourg et dans quelques localités des campagnes; il est souvent haineux, perfide, et saisit à merveille le ton qui convient à des lecteurs alsaciens ». La garde nationale de Strasbourg était connue comme indépendante et peu facile à manier. Dans le Haut-Rhin, la politique extérieure de Louis-Philippe et surtout l'affaire Pritchard mécontentèrent beaucoup d'électeurs, qui le firent voir en 1846. Un des hommes les plus influents de la région était Struch, un propriétaire aimé de tous, mais qui se décidait avec peine à quitter sa ferme de Lutterbach ; il avait déjà fait partie des 221 ; on obtint qu'il redevînt candidat. Colmar le nomma aussitôt, puis célébra sa victoire dans un de ces banquets politiques où les convives étaient toujours nombreux, d'autant plus qu'ils avaient lieu à l'hôtel des Deux-Clefs, célèbre pour son excellente cuisine. La même année Mulhouse élut Emile Dollfus, qui appartenait aussi à l'opposition dynastique. La campagne pour la réforme électorale en 1847 rencontra également un écho dans le pays : le premier président de la cour d'appel, Rossée, avait été avocat libéral à Colmar avant 1830 ; le vieil homme se réveilla en lui, et le magistrat présida le banquet réformiste. Au banquet de Strasbourg, Martin et Lichtenberger prirent la parole avec grand succès.

L'esprit libéral était encore entretenu et fortifié en Alsace par le spectacle des persécutions réactionnaires en Allemagne. Ces persécutions furent fréquentes après 1815, et les libéraux pourchassés par le régime Metternich vinrent chercher un refuge à Strasbourg ; c'étaient presque tous des intellectuels, journalistes, étudiants, imprimeurs. En 1819, quand le congrès de Carlsbad commença la répression, il arriva une cinquantaine de fugitifs, parmi lesquels Gœrres ; son séjour en Alsace dura longtemps, et c'est là que l'ancien révolutionnaire acheva de se transformer en catholique passionné, collaborant aux journaux confessionnels avant d'aller comme professeur à l'Université de Munich. Mais ce fut surtout de 1831 à 1837 que les réfugiés se succédèrent. Citons parmi eux les journalistes Cornelius, Harro Harring, Rauschenplatt, l'avocat Venedey qui devint un des principaux chefs de la proscription allemande, le démagogue bavarois Wirth, Karl Vogt, le grand savant qui demeura toujours l'adversaire implacable de la Prusse, t Georges Buchner, le jeune dramaturge qui a écrit *la Mort de Danton*. Ils étaient heureux de trouver en France un pays où l'on parlait allemand, où l'on recevait bien les étrangers.

Mais le gouvernement de Louis-Philippe, soucieux de rester en bon termes avec les souverains de la Confédération germanique, ne tarda point à surveiller de près ces hôtes compromettants. Le préfet du Bas-Rhin, chargé de cette mission, donna l'ordre à tous les commissaires de police de lui signaler n'importe quel réfugié. Le commissaire de Strasbourg, Pfister, Alsacien pur sang et démocrate convaincu, appliqua cet ordre à sa façon. Il promit aux libéraux allemands de ne pas les dénoncer, à condition qu'ils lui feraient connaître toutes les brebis galeuses qui se glisseraient parmi eux; comme sa promesse leur inspirait confiance, il put dresser la liste complète des fugitifs (*Stræmer*), puis celle des escros ou voleurs qui se donnaient comme proscrits (*Strœmende Gauner*), enfin celle des proscrits capables de voler ou d'escroquer (*Gaunerische Strœmer*); les réfugiés paisibles y gagnèrent et l'ordre public n'y perdit rien. Peu à peu la plupart de ces Allemands passèrent en Suisse ou rentrèrent chez eux en faisant amende honorable.

Quant à la population strasbourgeoise, de même qu'elle avait reçu chaleureusement les Polonais fugitifs, elle fit bon accueil aux proscrits d'outre-Rhin. Parmi les libéraux, plusieurs professeurs des Facultés, quelques avocats tels que Schnéegans et Lichtenberger, se chargeaient de leur venir en aide; le *Courrier du Bas-Rhin* les recommandait à ses lecteurs, insérait leurs communications et leur procurait quelquefois du travail. Mais la plupart s'aliénèrent bientôt les sympathies françaises. Les étudiants allemands virent que leurs camarades alsaciens considéraient les coutumes corporatives, les duels avec sabres arrondis, les beuveries obligatoires, comme des restes de barbarie. Et surtout les proscrits, comme l'a raconté Venedey, irritèrent leurs hôtes en voulant leur persuader que l'Alsace faisait partie de la nation allemande. Or sur ce point l'Alsacien n'entendait pas raillerie. Son goût naturel pour l'hospitalité le disposait à bien recevoir les « Schwobes », lors des fêtes qu'il multipliait volontiers. On le vit lorsque Strasbourg éleva la statue de Kléber, et surtout quand l'inauguration du monument de

Gutemberg fit apparaître aux yeux des visiteurs éblouis un de ces beaux cortèges corporatifs, aux costumes somptueux, tels que les avait connus l'ancienne ville libre. Mais les habitants des bords de l'Ill ne perdaient jamais l'occasion d'exprimer leur joie d'être Français. En 1840 surtout, lorsque la crise provoquée par la question d'Égypte réveilla le chauvinisme germanique et les fureurs des gallophobes, une longue polémique s'engagea entre les journaux des deux côtés du Rhin, et les Alsaciens manifestèrent leur aversion contre tout rattachement à la « patrie allemande ». La querelle s'apaisa bientôt, et Strasbourg put inviter les délégués de l'Allemagne au congrès scientifique de France en 1842. A cette occasion Bœrsch leur souhaita la bienvenue et parla des sympathies de ses compatriotes pour l'Allemagne. « Mais si nous tournons nos regards vers elle, ajoutait-il, ce ne sont pas les regards de l'enfant arraché à la maison paternelle, c'est plutôt, permettez-moi la comparaison, le regard d'affection dont la jeune épouse salue encore le toit de sa mère, heureuse du toit nouveau qui l'abrite et du nom de son époux qu'elle porte orgueil. »

CHAPITRE VIII

La vie religieuse et intellectuelle de 1815 a 1848.

Toutes les religions, pendant cette période, purent vivre et se développer librement. La Restauration, malgré les désirs de quelques-uns de ses partisans, traita bien le protestantisme alsacien ; Louis XVIII, sous le gouvernement des ministres modérés, conféra la Légion d'Honneur à Oberlin, le bienfaiteur du Ban de la Roche, et au pasteur Dannenberger, qui en 1815 avait sauvé quelques paysans catholiques menacés d'être fusillés par les Wurtembergeois. Le ministère du duc de Richelieu fut également bienveillant pour les israélites : en 1818 expirait le délai de dix ans pendant lequel Napoléon avait suspendu l'exercice de quelques-uns de leurs droits ; le décret de l'Empereur ne fut pas renouvelé, de sorte qu'ils jouirent désormais de l'égalité complète. Même sous Villèle, malgré les excès de zèle de quelques fonctionnaires subalternes, aucune des religions dissidentes ne put se plaindre d'être persécutée. Mais les mœurs maintenaient encore les catholiques d'une part, les protestants de l'autre, massés en groupes compacts, bien distincts, où les mariages mixtes étaient rares.

Le catholicisme alsacien depuis 1815 eut une influence réelle sur le mouvement religieux de l'Allemagne. Nous avons vu que l'évêque de Mayence, l'ancien prêtre réfractaire Colmar, avait amené avec lui plusieurs compatriotes : les principaux étaient Liebermann et Humann, qui occupa lui-même plus tard le siège de saint Boniface. Tous étaient ultramontains convaincus, mais s'occupaient de diriger le diocèse plutôt que d'exposer des théories nouvelles. La doctrine ultramontaine, telle que venaient de la formuler avec tant d'éclat Joseph de Maistre et Félicité de la Mennais, fut apportée à Mayence par deux jeunes prêtres alsaciens, qui devinrent professeurs au séminaire, André Raess et Nicolas Weiss. Le premier surtout était un homme d'action, un diplomate, un organisateur, habile à faire travailler de nombreux prêtres à une œuvre commune. Il répandit sur les bords du Rhin, en petites éditions à bon marché, quantité d'ouvrages français, livres de piété, sermons, livres de propagande, traduits en allemand ; surtout il fonda un journal religieux très lu, *Der Katholik*, qui obtint la collaboration de Gœrres et qui eut une longue existence.

En Alsace même, Liebermann revenu à son pays natal depuis 1824 exerça quelque temps une grande influence comme vicaire général; mais bientôt un nouvel évêque de Strasbourg, Le Pape de Trévern, qui avait gardé la vieille tradition du gallicanisme, écarta ce collaborateur ultramontain. Strasbourg eut à ce moment son Lamennais, qui fut l'abbé Bautain. C'était un ancien normalien, élève de Victor Cousin, devenu professeur de philosophie à la Faculté des lettres. La raison lui paraissait incapable d'atteindre la vérité : bientôt il se convertit et devint prêtre, puis reprit sa chaire à la Faculté pour y faire l'apologie du christianisme. Il trouvait une confidente et une inspiratrice dans Mlle Humann, la sœur de l'évêque et du ministre, l'ancienne alliée des prêtres réfractaires pendant la Terreur. Autour de Bautain et de Mlle Humann se forma un groupe de prosélytes éminents, convertis de la libre pensée, comme Gratry et le futur cardinal de Bonnechose, convertis du judaïsme comme les abbés Ratisbonne et Goschler. L'évêque donna en 1830 à ce groupe de prêtres distingués la direction de son séminaire; mais bientôt le désaccord se manifesta entre le prélat gallican, attaché à la vieille apologétique, et le prêtre novateur; Bautain finit par quitter l'Alsace pour le collège de Juilly, après avoir vu son fidéisme censuré par la papauté. Cependant Ræss était revenu en 1830 à son pays natal; nommé successeur de Trévern, il commença en 1842 son épiscopat qui devait durer pendant plus de quarante ans.

Le protestantisme alsacien avait toujours son centre intellectuel dans le gymnase et la Faculté de théologie de Strasbourg. Le gymnase conservait une existence prospère à côté du collège royal; d'ailleurs il rajeunit ses méthodes à partir de 1825 et s'inspira quelque peu de l'exemple de l'Université, surtout par le rôle nouveau donné à la langue française. La Faculté de théologie fut émue par le mouvement du Réveil et par le commencement des luttes entre l'orthodoxie et le protestantisme libéral; ce dernier rencontra des sympathies marquées chez la plupart des professeurs de la Faculté. Ceux-ci parlaient tous avec une égale facilité le français et l'allemand; selon les circonstances, ils faisaient leurs leçons dans l'une ou l'autre langue. Leur science attirait non seulement les étudiants luthériens, mais beaucoup de futurs pasteurs calvinistes qui trouvaient les études plus fortes à Strasbourg qu'à Montauban. Ils mettaient leurs élèves français au courant de tout le travail historique et théologique fourni par l'Allemagne; non content de ce rôle d'interprète, le plus remarquable de tous, Édouard Reuss, devança Baur aussi bien que Renan par ses études critiques sur l'Ancien ou le Nouveau Testament.

Les autres Facultés contribuaient aussi à maintenir le goût des choses de l'esprit, à grouper de nombreux étudiants à Strasbourg, qui seul avec Paris possédait les cinq hautes Écoles; mais elles se ressentaient de la torpeur qui, dans la France entière, paralysait l'enseignement supérieur provincial. La plus animée se trouvait être l'École de médecine, la seule qui existât en dehors des vieilles facultés de Paris et de Montpellier ; de l'avis de tous, elle était inférieure à ses deux rivales. On y remarquait pourtant des professeurs de mérite qui, occupés à guérir et à faire leurs cours, tenaient aussi la première place dans toutes les œuvres philanthropiques et sociales. Fodéré, un des créateurs de la médecine légale, fut longtemps maire de Strasbourg, où l'on garda le souvenir de ses heureuses initiatives ; voyant avec effroi la misère physique et morale des classes ouvrières, il publia en 1825 sun *Essai historique et moral sur la pauvreté des nations*, un des premiers livres qui aient dénoncé le paupérisme créé par la naissance de la grande industrie. Cailliot comprit que la médecine avait besoin de s'appuyer sur les expériences chimiques et fonda le premier laboratoire de travaux pratiques bien installé hors de Paris ; un jeune Strasbourgeois, qui devint plus tard un savant renommé, Wurtz, lui servit de préparateur. Mais aucun médecin n'atteignit à la popularité de Kuss ; professeur de talent, très écouté des étudiants, il avait aussi l'étoffe d'un grand savant ; mais pour lui, comme pour son contemporain Raspail, le devoir envers les prolétaires primait tous les autres, et il consacra une bonne partie de son temps à leur donner des soins gratuits. Cela explique l'amour des ouvriers pour le médecin démocrate qui devait être en 1870 le dernier maire français de la capitale alsacienne.

L'École de droit, malgré le nombre de ses étudiants, était assez morne; Durckheim, qui figura parmi eux, a gardé le souvenir d'un enseignement lourd et ennuyeux. Quant aux Facultés des lettres et des sciences, à peu près dépourvues d'élèves, elles fournissaient principalement des jurys pour le baccalauréat; beaucoup de leurs professeurs, avant 1830 surtout, faisaient en même temps des cours au collège royal, de sorte que les loisirs leur manquaient pour mener à bien des travaux approfondis. Aux sciences les laboratoires faisaient défaut : quand Charles Gerhardt, un camarade de Wurtz, voulut comme lui s'adonner à la chimie, c'est en Allemagne, puis à Paris qu'il dut aller continuer ses travaux. A la Faculté des lettres on ne peut citer, outre Bautain, que Bergmann, un des initiateurs de la philologie comparée en France, et Génin, aussi connu par son goût pour le français du moyen âge que par son talent de polémiste.

L'enseignement secondaire, donné par l'Université, prospérait dans toute l'Alsace; les collèges communaux étaient pleins d'élèves; le collège royal de Strasbourg (c'est-à-dire le lycée), connu comme un des meilleurs de France, attirait des familles de tous les départements de l'Est. C'est ainsi que le jeune Jules Ferry, dont les parents habitaient Saint-Dié, fut envoyé au collège de

Strasbourg. Ce fut l'enseignement universitaire qui, dans la bourgeoisie, habitua la jeunesse à parler d'une façon plus courante et plus familière le français que l'allemand. Parmi les jeunes gens formés dans ces collèges, plus d'un aspirait à quitter sa petite province pour aller à Paris. Auguste Nefftzer, par exemple, après de brillantes études au collège de Colmar et à la Faculté de théologie de Strasbourg, écrivit en 1843 au journaliste le plus renommé de l'époque, à Émile de Girardin, pour le prier de l'accepter comme collaborateur à la *Presse* : « J'ai devant moi, lui disait-il, la perspective d'un avenir certain, et il ne tient qu'à moi de couler dans quelque village d'Alsace la vie heureuse et paisible du vicaire de Wakefield; mais mes inclinations sont ailleurs, et mes idées ne sont point celles d'un ministre de l'Évangile. Un charme irrésistible m'entraîne vers Paris, et une voix intérieure me dit que, de nos jours, une idée neuve doit plutôt se produire dans les colonnes d'un journal que dans la chaire chrétienne ». Girardin lui répondit simplement, « Venez », et conserva pendant de longues années auprès de lui le futur fondateur du *Temps*.

L'enseignement primaire était plus avancé en Alsace que dans beaucoup d'autres provinces; le protestantisme demeurait fidèle à ses traditions en encourageant l'instruction populaire. Néanmoins les progrès étaient lents parce que la carrière d'instituteur, si précaire et si faiblement estimée, attirait peu de candidats sérieux. On eut beau inaugurer à Strasbourg en 1819 de modestes examens pour le brevet élémentaire, les refusés obtenaient aussi des postes, car autrement on n'aurait eu personne. La domination du clergé, rendue plus complète que jamais par l'ordonnance de 1824, écarta les maîtres à l'esprit un peu indépendant, Les choses changèrent après 1830 : Guizot commença les enquêtes et les travaux qui aboutirent à la loi de 1833. Celle-ci fut appliquée par des hommes de valeur. L'école normale du Bas-Rhin subsistait depuis 1811, et Guizot la signalait dans son rapport au roi comme une des meilleures de France ; un nouveau directeur, Vivien, qui la gouverna pendant treize ans, lui donna une impulsion vigoureuse. L'école normale du Haut-Rhin, créée depuis 1833, devint bientôt célèbre sous la direction du docteur Riester, qui avait renoncé à sa profession pour se consacrer à la pédagogie. Tous deux laissèrent les instituteurs enseigner en allemand, tout en cherchant à augmenter progressivement la part du français.

Mais le meilleur auxiliaire des ministres qui voulaient développer l'instruction fut Joseph Willm. Fils d'un pauvre vigneron chargé d'enfants, il avait fait ses études à force d'énergie, tout en gagnant chaque semaine quelques sous comme instituteur daus une école de hameau ; ce travailleur, qui devint professeur au gymnase et à la Faculté de théologie de Strasbourg, était aussi un savant, qui publia une des premières bonnes histoires de la philosophie allemande écrites en français. Victor Cousin l'estimait beaucoup, le consultait volontiers sur les choses d'Allemagne; Edgard Quinet eut pour lui une amitié véritable. Un goût très vif pour la pédagogie fit accepter à Willm les fonctions d'inspecteur d'académie dans le Bas-Rhin. En 1843 il publia son *Essai sur l'éducation populaire*, qu'on peut lire aujourd'hui encore avec fruit. Si l'instruction, disait-il, doit être différente selon les individus, selon les carrières auxquelles ils se destinent, l'éducation doit être le même pour tous, propre à former des hommes, « hommes de bien, hommes complets en même temps que Français et citoyens ». Cette éducation mettra l'enfant au courant de toutes les grandes questions qui se posent aujourd'hui; elle développera le patriotisme sans prêcher la haine. « Nous ne connaissons aucun livre classique français dans lequel on ait cherché à rendre les nations étrangères odieuses à la France. Il s'en faut qu'on puisse dire la même chose de tous les ouvrages dont se nourrit la jeunesse allemande ». Le livre de Willm fut couronné par l'Académie française et loué par tous ceux qui s'occupaient d'éducation; résumant les méthodes pédagogiques de la France et de l'Allemagne, c'est un des meilleurs exemples des services que rendait l'Alsace en rapprochant les deux civilisations.

La campagne menée sous Louis-Philippe contre

l'enseignement laïque, et la riposte des universitaires contre les Jésuites, ne passèrent pas inaperçues dans les départements du Rhin. Il y avait là un groupe de catholiques militants qui, au lieu de mettre leurs fils dans les collèges de l'État, les envoyaient à celui des Jésuites à Fribourg en Suisse. Les attaques dirigées dans plusieurs villes contre les disciples de Victor Cousin, tels que Bersot à Bordeaux et Francisque Bouillier à Lyon, se portèrent à Strasbourg contre le philosophe italien Ferrari, devenu suppléant de Bautain à la Faculté des lettres. On l'accusa d'avoir fait, à propos de la *République* de Platon, l'apologie du communisme; il eut beau déclarer ces imputations matériellement fausses, le ministère le mit en disponibilité. Génin, attaqué à son tour par l'*Univers*, se défendit vigoureusement et publia dans le grand journal républicain, le *National*, des articles vifs et mordants qui allaient faire un volume, *Les Jésuites et l'Université* (1844); mais lui aussi fut frappé. Un bourgeois notable de Strasbourg, Busch, entra dans la lice et publia contre la Compagnie de Jésus ses *Découverte d'un bibliophile*; quelques-uns de ses concitoyens le poursuivirent en police correctionnelle, mais Busch, brillamment défendu par Jules Favre, fut acquitté.

Les journaux, les livres de Paris étaient lus et commentés; les idées, les mœurs parisiennes gagnaient sans cesse du terrain. A la fin du règne de Napoléon Ier déjà un Strasbourgeois écrivait : « Les mœurs françaises dominent partout; les thés, les bals, les soirées deviennent un besoin pour les bonnes familles ». Quelques années plus tard, en 1823, un voyageur traversant le Haut-Rhin faisait cette remarque : « Les mœurs de Colmar sont, comme partout ailleurs, calquées sur celles de Paris ». Officiers et fonctionnaires de toute la France considéraient les villes alsaciennes comme des résidences de choix, où la vie était douce, l'accueil cordial, et se laissaient vite prendre par le charme de ce pays hospitalier.

CHAPITRE IX

La République de 1848.

L'Alsace avait prospéré pendant les dix-huit années de la monarchie de Juillet; on n'y désirait point une révolution. Mais la petite bourgeoisie, qui ne payait pas le cens électoral, était fatiguée des refus obstinés que le roi et ses ministres opposaient aux partisans d'une réforme; les ouvriers étaient prêts à fêter la république. Les nouvelles idées socialistes elles-mêmes avaient recruté quelques adhérents : le fouriérisme surtout pénétrait dans le Haut-Rhin, grâce à la propagande faite par un médecin réputé de Colmar, Jaenger, qui procura beaucoup d'abonnés au journal de Victor Considerant, la *Démocratie pacifique*. La révolution de Février fut donc bien accueillie, les républicains notoires furent investis de l'autorité municipale, et les deux députés opposants du Haut-Rhin, Émile Dollfus et Struch, qui avaient lutté jusqu'au bout contre Guizot, reçurent une ovation à leur retour. Le gouvernement provisoire nomma commissaires Lichtenberger pour le Bas-Rhin, Struch pour le Haut-Rhin; ils rencontrèrent le concours de tous. Des troubles se produisirent seulement dans quelques villages, où les paysans saccagèrent les maisons des israélites enrichis par le prêt à intérêt ou par le « commerce de chair humaine », c'est-à-dire par les transactions relatives au remplacement militaire; mais l'ordre fut rétabli au bout de quelques jours sans aucune résistance. Quand il s'agit d'élire des représentants à l'Assemblée Nationale, les deux commissaires eurent soin de former des listes de conciliation, comprenant des républicains de la veille et du lendemain. Elles passèrent tout entières : Struch et Lichtenberger furent, chacun dans son département, les premiers élus. C'était la lune de miel de la République.

Elle dura plusieurs mois en Alsace, où la guerre sociale était à peu près inconnue. C'est ce qui permit aux principales villes de préparer les belles fêtes qui, en octobre 1848, célébrèrent le deux centième anniversaire de la réunion à la France. Le maire de Strasbourg, en annonçant l'initiative prise par la grande cité, disait à ses compatriotes : « Nous n'avons plus besoin sans doute de faire une profession solennelle et publique de notre inviolable dévouement à la France. La France ne doute pas de nous; elle a foi en l'Alsace. Mais si l'Allemagne se berce encore d'illusions chimériques, si elle croit trouver dans la persistance de la langue allemande au sein de nos campagnes et de nos cités un signe de sympathie irrésistible et d'attraction vers elle, qu'elle se détrompe! L'Alsace est aussi française que la Bretagne, la Flandre et le pays des Basques, et elle veut le rester. »

L'Allemagne d'ailleurs, secouée par la révolution, ne semblait point dangereuse. Au contraire, c'est à Strasbourg que la légion démocratique allemande, organisée par le poète Georges Herwegh, groupa ses forces en avril 1848 pour aller soulever la rive droite du Rhin ; après l'échec rapide qui lui fut infligé en territoire badois, des centaines de fugitifs accoururent en Alsace. Un an plus tard ils crurent le jour de la revanche arrivé, quand un gouvernement républicain se fut installé à Karlsruhe ; mais la répression impitoyable opérée par les Prussiens força un nouveau flot de démocrates vaincus à chercher un refuge dans le pays, si bien disposé pour eux, où flottait encore le drapeau de la République. De là ils se dispersèrent dans toutes les directions.

Toutes les villes des deux départements avaient bien vite pris goût à la vie démocratique et suivaient passionnément les agitations parisiennes. La garde nationale s'était organisée partout ; si les paisibles bourgeois de Strasbourg murmuraient parfois contre cette nouvelle corvée, leurs fils aimaient avoir de temps en temps une nuit de garde, qu'on passait à jouer au whist jusqu'à ce que la boulangère apportât le matin à cinq heures une savoureuse galette, un *Flammenkuch*. On s'intéressait aussi aux élections si nombreuses dans cette année 1848, élections des conseils municipaux, des officiers de la garde nationale, des conseils généraux, des conseils de prud'hommes ; il y en eut tant qu'on finit par s'en lasser.

Les paysans étaient demeurés calmes et assez indifférents au milieu de cette agitation politique ; mais ils se réveillèrent de leur torpeur en apprenant la candidature présidentielle de Louis-Napoléon. Peu leur importait le général Cavaignac, appelé par eux *Caféсac* ; l'adhésion donnée à sa candidature par l'évêque de Strasbourg ne suffit pas à entraîner les campagnards catholiques. Dans chaque village il y avait encore quelque vieux militaire qui avait participé aux guerres des dernières années de l'Empire, et qui entretenait par ses récits la légende napoléonienne. Était-ce même seulement le neveu de l'Empereur qui se présentait ? A Mulhouse on entendit quelques ouvriers dire que c'était le grand Napoléon lui-même. Le 10 décembre 1848 quelques villes, comme Strasbourg et Mulhouse, donnèrent la majorité à Cavaignac, mais dans l'ensemble son concurrent obtenait une écrasante victoire. Le Bas-Rhin donna 60.000 voix à Bonaparte contre 46.000 à Cavaignac, le Haut-Rhin 65.000 au premier contre 19.000 seulement au second.

Cela ne signifiait pas que l'Alsace eût pris parti pour

la réaction. Au contraire, elle allait à gauche, grâce à une propagande infatigable faite en français, en allemand, en dialecte alsacien ; le *Démocrate du Rhin* à Strasbourg et surtout la *Volksrepublik* dans le Haut-Rhin, bien rédigée par l'instituteur Schmitt, parlaient aux masses un langage simple et clair. Aussi les élections législatives de 1849 marquèrent-elles le triomphe des « rouges ». Les modérés sortants, aussi bien que les conservateurs, échouèrent contre eux. Dans le Bas-Rhin ce résultat était dû principalement à l'influence de Kuss : le médecin strasbourgeois fut pendant deux ans le grand électeur du Bas-Rhin, d'autant plus populaire qu'il refusait toujours la candidature pour lui-même. Il avait mis systématiquement sur sa liste quelques représentants des classes ouvrières : un sergent communiste, Commissaire, qui nous a laissé de curieux souvenirs, y figurait à côté du brave cordonnier Bandsept ; onze candidats de cette liste sur douze obtinrent la majorité. Le soir de l'élection, une société démocratique alla donner une sérénade à Bandsept, qui était en train de travailler à une paire de bottes, avec son tablier de cuir, les manches de sa chemise retroussées au-dessus du coude ; il sortit de sa boutique dans cette tenue et vint remercier les musiciens. Dans le Haut-Rhin le parti démocrate-socialiste avait conquis tous les sièges sauf deux.

Le gouvernement prit immédiatement sa revanche

contre les « démoc-soc ». On sait comment se produisit l'échauffourée du 13 juin 1849 au Conservatoire des Arts et Métiers. A la première nouvelle de l'émeute, Kuss avec ses amis à Strasbourg, le médecin phalanstérien Jænger et les siens à Colmar s'empressèrent de manifester contre l'expédition de Rome; ils s'arrêtèrent vite en apprenant le piteux résultat de la tentative menée par Ledru-Rollin. Le ministère saisit l'occasion de frapper les républicains ; deux instructions furent ouvertes, et le procureur général, persuadé que le jury alsacien serait favorable aux accusés, demanda leur renvoi devant d'autres cours d'assises. Détail amusant à noter, à l'appui de sa requête il cita l'acquittement des complices de Louis-Napoléon par le jury strasbourgeois en 1836. Kuss et les autres accusés du Bas-Rhin, parmi lesquels le négociant Erckmann, frère du romancier, furent acquittés par le jury de Metz. Les accusés du Haut-Rhin, Jænger, Liblin, Mossmann et leurs amis comparurent devant le jury de Besançon qui, après avoir entendu le beau plaidoyer d'Ignace Chauffour, les acquitta également. Quelque temps après, Jænger vit arriver dans son cabinet à Colmar un visiteur qui lui dit : « Je suis l'avocat général qui a demandé votre condamnation à Besançon ; je viens vous prier de soigner ma femme ». « Vous avez rempli votre devoir de magistrat, répondit Jænger ; je ferai mon devoir de médecin ». Ils devinrent très bons amis.

L'Assemblée Législative déclara déchus de leur mandat ceux de ses membres qui avaient participé au 13 juin ; le plus connu était Kopp, un remarquable chimiste. On les remplaça en mars 1850. Le Bas-Rhin, où il y avait cinq sièges à pourvoir, nomma encore les candidats rouges : parmi eux se trouvaient un écrivain socialiste, Vidal, un sous-préfet révoqué, Gérard, et un officier, Valentin, celui-là même qui en 1870, nommé préfet du Bas-Rhin, devait entrer à la nage dans Strasbourg assiégé. Le Haut-Rhin, sur trois candidats, choisit deux blancs et un rouge, l'industriel Kestner. Nouvelle élection partielle dans le Bas-Rhin quelques mois plus tard afin de remplacer Vidal également élu à Paris, et nouveau succès de l'extrême gauche : son candidat fut cette fois Émile de Girardin, qui menait dans la *Presse* une ardente campagne contre le Prince-Président. Celui-ci, venu en Alsace quelques semaines plus tard, fut accueilli dans toutes les villes par des cris passionnés de *Vive la République* ! Le conseil municipal de Strasbourg avait refusé de voter des crédits pour le recevoir. A Mulhouse, la garde nationale se montra si hostile que le préfet obtint de la faire dissoudre immédiatement. La légion de Strasbourg fut frappée à son tour en 1851, et son colonel lui dit dans une proclamation d'adieu : « Il est vrai que vous exprimiez à l'occasion avec chaleur vos sentiments républicains, mais c'est un péché originel chez vous, et je crains que le remède qu'on vous applique ne manque d'efficacité pour vous en corriger. »

Cependant les triomphes répétés des rouges effrayèrent une partie de la bourgeoisie alsacienne ; plusieurs industriels, sentant les ouvriers leur échapper, souhaitaient une réaction. D'ailleurs, si les villes frondaient le pouvoir, il était facile de réveiller dans les campagnes l'attachement pour l'héritier du nom de Napoléon. Celui-ci confia cette tâche à des préfets bien choisis, originaires du pays. Dans le Bas-Rhin c'était West, un protégé de Struch, qui s'était rallié comme son patron à la politique de droite. Dans le Haut-Rhin c'était le comte de Durckheim : sous-préfet de Péronne à l'époque où Louis-Napoléon était enfermé à Ham, il avait témoigné beaucoup d'égards à son prisonnier qui, devenu chef de l'État, le récompensa par une préfecture. Au 2 décembre les préfets, d'accord avec les généraux, agirent énergiquement; quelques Strasbourgeois manifestèrent le 6 décembre au cri de *Constitution!*, mais ce mouvement assez superficiel fut vite réprimé. West compléta son facile triomphe en utilisant la commission mixte, qui déporta onze citoyens et en exila neuf; Durckheim, plus indulgent et plus habile, fit remettre en liberté au bout de trois semaines les républicains arrêtés, se contentant d'expulser Schmitt, le journaliste populaire dont la feuille, la *Volksrepublik*, fut supprimée. Satisfaits ou terrorisés, les électeurs votèrent *oui* au plébiscite;

cependant Mulhouse fut une des cinq communes de France qui donnèrent une majorité de *non*. Quelques mois plus tard, dix conseillers municipaux de Strasbourg démissionnèrent pour ne pas prêter serment. Les masses, en Alsace comme partout, acceptaient sans résistance l'impulsion du gouvernement qui avait prouvé sa force et qui n'épargnait pas les opposants. Lors des élections au Corps législatif en 1852, les candidats officiels furent tous élus. Le Prince-Président, venu à Strasbourg en juillet, reçut un accueil tout différent de celui de 1850. Au plébiscite de 1852, une majorité considérable approuva le rétablissement de l'Empire.

CHAPITRE X

La vie politique et religieuse sous le second Empire.

La population alsacienne se rallia vite au nouveau régime. Tandis que l'opposition, privée de journaux et de réunions publiques, était réduite au silence pour dix ans, le gouvernement s'appliquait à satisfaire les intérêts de la région, et surtout il gagnait ce peuple de soldats par l'attrait de la gloire militaire. Les Alsaciens n'avaient jamais cessé de fournir à l'armée de nombreux volontaires; les guerres d'Algérie sous Louis-Philippe le prouvent. Mais ils affluèrent plus que jamais lorsque la loi de 1855 eut assuré de sérieux avantages aux soldats rengagés. Chaque village était fier de montrer parmi ses fils quelques anciens sous-officiers, rentrés au pays; s'il n'en avait pas, les villages voisins se moquaient de lui. Une jeune paysanne était exposée aux mêmes railleries si elle épousait un garçon qui n'avait point porté l'uniforme. Certains corps, la cavalerie légère, l'artillerie, les pontonniers, plaisaient particulièrement à ceux qui s'engageaient. Les deux départements fournissaient des remplaçants à d'autres régions moins belliqueuses. C'est ce qui explique l'enthousiasme qui accueillit les troupes revenant de Crimée : sans attendre la fin de la guerre, Colmar offrit une épée d'honneur à l'un de ses enfants, l'amiral Bruat, qui avait commandé l'escadre de la mer Noire et pris Kinburn. Les officiers retraités aimaient à s'installer dans ce pays, attirés par le bon marché de la vie et les sympathies de la population. Quant aux officiers, aux généraux alsaciens, ils étaient aussi nombreux que sous Napoléon Ier. Quelques-uns continuaient une tradition familiale : le général de Berckheim était le neveu de celui qui avait commandé sur les bords du Rhin en 1815; le général Schramm, fils d'un général, justifia son titre de doyen de l'armée française en vivant jusqu'à quatre-vingt-quinze ans. C'étaient encore des Alsaciens que ces généraux ou futurs généraux qui s'appelaient d'Andlau, Hatry, Chauchard, Schneider, Gailliot, Schnéegans, Hartung et beaucoup d'autres. La ville de Colmar put même citer une héroïne, Antoinette Lix, qui, partie pour la Pologne comme institutrice, combattit dans les rangs des insurgés en 1863, avant de se distinguer en France en 1870.

Comme la politique sommeillait, les questions religieuses prirent une grande place dans l'attention de tous. L'Empire à ses débuts s'était posé en allié de l'Église; aussi le clergé alsacien put-il s'organiser fortement sous la direction de son évêque. L'ancien rédacteur du *Katholik*, devenu évêque de Strasbourg en 1842, connaissait très bien son pays natal; ses allocutions familières en dialecte alsacien charmaient les paysans; jamais il ne fit appel en vain à la générosité de ses diocésains. Le gouvernement lui accordait sans cesse des subventions, car si Ræss avait pris parti pour Cavaignac en 1848, son adhésion empressée au coup d'État faisait oublier ce souvenir. Le prélat, disposant ainsi de sommes considérables, put mener à bien toutes les œuvres qu'il entreprit. Deux petits séminaires furent construits, préparant les élèves au grand séminaire qui renferma jusqu'à 260 élèves : le recrutement du clergé séculier fut ainsi assuré. Le clergé régulier se développa de la même manière : Jésuites, Rédemptoristes, Frères de Marie, Trappistes se multiplièrent, moins vite pourtant que les couvents de femmes. Ce clergé si nombreux put fournir quantité de recrues aux Missions étrangères et à divers ordres établis en Afrique. Ræss profita aussi de la loi Falloux pour créer deux collèges libres. A Strasbourg, le collège Saint-Arbogust fut quelque temps dirigé par l'abbé Freppel, mais ce prêtre au caractère indépendant se brouilla bientôt avec son évêque et finit par quitter le diocèse pour aller à Paris. Le succès fut plus grand au collège catholique de Colmar : un habile directeur, l'abbé Martin, s'entoura d'excellents professeurs comme Hanauer et Guthlin, celui-ci philosophe de mérite, qui devint plus tard vicaire général de Dupanloup. Le clergé alsacien était très dévoué à son chef : on le vit en 1866, lorsqu'une cérémonie grandiose fêta le cinquantième anniversaire de son ordination comme prêtre et le vingt-cinquième de sa consécration comme évêque. La souplesse diplomatique de Ræss fut mise à une rude épreuve par la question romaine, qui menaçait de brouiller le pape et l'empereur; il réussit à rester l'ami des Tuileries tout en manifestant en faveur de Pie IX qui reçut fort bien, lors du concile du Vatican, cet ultramontain de vieille date, partisan déclaré de l'infaillibilité.

Tout en protégeant le clergé catholique, l'Empire entretenait également d'excellents rapports avec les protestants. Le Directoire luthérien de Strasbourg trouvait toujours bon accueil auprès du gouvernement; il était représenté aux Tuileries par un personnage considérable et très en faveur, Renouard de Bussière, député de Strasbourg. Lorsque le préfet West, soucieux de plaire à la réaction catholique, voulut toucher aux biens du chapitre protestant de Saint-Thomas, il fut désavoué à Paris et bientôt envoyé dans un autre département. C'était l'époque où la grande bataille était engagée dans le protestantisme français entre les orthodoxes et les libéraux : le ministère des cultes eut soin de ne pas s'y mêler.

Pendant cette période le groupe israélite de l'Est

acheva de se franciser. En 1818, au moment où disparurent les dernières mesures d'exception, le Consistoire central avait invité ses coreligionnaires à se montrer dignes de la confiance qu'on leur témoignait; peu après, la Société des sciences et des arts de Strasbourg couronnait la mémoire de Beugnot sur les moyens d'adapter les juifs alsaciens à la civilisation moderne. Ces appels furent entendus; la fondation du séminaire rabbinique de Metz en 1829 avait permis de former des rabbins instruits, de culture française, qui modifièrent les coutumes des communautés. Les écoles primaires juives, où l'on enseignait, avec l'hébreu, le français et l'allemand, regorgèrent bientôt d'élèves ; des écoles professionnelles s'ouvrirent pour apprendre aux jeunes gens des métiers industriels. Surtout les fils de la bourgeoisie juive entrèrent dans les lycées, recherchèrent les carrières libérales : on put citer un général comme Sée, un homme de mérite transcendant comme le Strasbourgeois Michel Lévy, directeur de l'École du Val-de-Grâce et médecin inspecteur général ; nombreux furent les savants et les professeurs de même origine. Un de ces derniers, Widal, gardait un amour d'artiste pour les usages pittoresques et surannés qu'il voyait en train de disparaître ; sous le pseudonyme de Daniel Stauben, il publia dans la *Revue des Deux-Mondes*, puis en volume, les *Scènes de la vie juive en Alsace* (1859) qui furent très appréciées des lettrés.

En face des groupes confessionnels, la libre pensée avait ses partisans, nombreux parmi les bonapartistes de gauche ou les républicains. Pendant longtemps leur activité ne put s'exercer en dehors des loges maçonniques ; toutefois ils furent heureux de voir s'établir dans leur pays un brillant écrivain parisien, Edmond About, qui acheta cette maison de Saverne où vinrent séjourner tour à tour George Sand, Alexandre Dumas, Renan, Taine, Sarcey. Mais il eut beaucoup moins d'action sur les bords du Rhin que Jean Macé. Mêlé à la politique républicaine depuis le début de 1848, compromis dans la journée du 13 juin 1849, Jean Macé avait fait de la propagande pour un journal de gauche et visité à cette occasion le village alsacien de Beblenheim. Obligé de fuir Paris après le 2 décembre, il se cacha dans ce village où la directrice d'un pensionnat de jeunes filles, le collège du Petit-Château, le prit comme professeur. C'est là qu'il écrivit de petits livres de vulgarisation scientifique dont le chef-d'œuvre fut l'*Histoire d'une bouchée de pain.* Ce n'était pour lui qu'un des moyens de travailler à ce qui demeura le but constant de sa vie, l'éducation du peuple. Dès 1861 il entama sa campagne en faveur des bibliothèques communales, car la bibliothèque populaire devait exister partout à côté de l'école ; celle-ci, disait-il, apprend à lire, celle-là fournit de quoi lire : « la première est la clef, mais l'autre est la maison ». L'exemple donné par la fondation de la bibliothèque de Beblenheim porta ses fruits : les concours s'offrirent nombreux, appuis de pasteurs amis de l'instruction, largesses d'industriels progressistes comme Engel-Dollfus, qui fit constituer la Société des bibliothèques populaires du Haut-Rhin. Quelques années plus tard Jean Macé fondait la Ligue de l'enseignement ; elle s'organisa en Alsace, malgré l'hostilité du clergé catholique, et c'est de Strasbourg que partit, au début de 1870, l'initiative d'une grande pétition nationale réclamant une loi sur l'enseignement gratuit et obligatoire.

L'activité religieuse devait ramener l'activité politique. Celle-ci avait complètement cessé jusqu'en 1860. Tout au plus y avait-il parfois un conflit causé par des questions personnelles : ainsi le député de Belfort, élu comme candidat officiel en 1852, mais écarté par le préfet en 1857, se présenta quand même, fut élu, invalidé, finalement battu par un nouveau candidat officiel, Keller. C'était là un cas exceptionnel ; le gouvernement pouvait compter sur la soumission des majorités. Survint la question romaine qui provoqua les premières discussions. Keller était un catholique militant, dévoué aux idées ultramontaines ; c'était aussi un orateur de talent, un des rares députés alsaciens qui aient fait bonne figure à la tribune des assemblées politiques. Les catholiques reprochaient à Napoléon III d'avoir laissé la Romagne se soulever contre Pie IX ; Keller prononça au Corps Législatif, le 13 mars 1861, un discours très vif contre la politique italienne de l'Empire. Ce discours émut beaucoup l'Alsace; tandis que le clergé le commentait avec soin, About le réfuta dans la presse, et les libéraux de Colmar, de Strasbourg, publièrent des protestations collectives. Les élections de 1863 montrèrent la puissance de la candidature officielle, qui fit échouer Keller; cependant un candidat libéral faillit l'emporter à Mulhouse, et peu de temps après un candidat catholique triomphait à Schlestadt contre le baron Zorn de Bulach, chambellan de l'Empereur.

Entre 1863 et 1869 s'accomplit la renaissance du parti libéral, dans lequel s'unirent libéraux purs et républicains. Ces derniers avaient été longtemps réduits au silence par la persécution; en 1858 encore la loi de sûreté générale fit transporter quatre habitants de Strasbourg. Dans cette ville avait longtemps vécu un vieux républicain, Engelhard, professeur d'histoire au gymnase protestant; il avait élevé dans ses idées son fils, Maurice Engelhard, devenu un avocat de talent. Maurice Engelhard (c'est le futur président du Conseil municipal de Paris) fut un des premiers à commencer la propagande; elle réussit rapidement, si bien que Renouard de Bussière, inquiet de cet esprit d'opposition, démissionna en 1866 pour se faire investir d'un nouveau mandat. On lui opposa Edouard Laboulaye, professeur au Collège de France et publiciste libéral renommé ; un notable commerçant de Strasbourg, Gloxin, vieux libéral de 1830, représentant du peuple en 1848, prêta ses magasins où Laboulaye put faire des réunions privées. Bussière l'emporta grâce au vote des campagnes, mais la ville de Strasbourg avait, pour la première fois depuis quinze ans, donné une forte majorité au candidat de la gauche. Ce réveil rendit l'espoir aux hommes de 1848 ; Kuss, qui avait abandonné la politique depuis le coup d'État, se remit à l'œuvre, secondé par des hommes plus jeunes comme Kablé, le futur député protestataire du Reichstag.

Dans le Haut-Rhin, l'opposition de gauche avait plusieurs partisans parmi les grands industriels. Ainsi Frédéric Hartmann, qui fut maire de Munster pendant vingt-quatre ans, faisait campagne contre le pouvoir personnel et pour la laïcité de l'enseignement. Mais le plus ardent fut Kestner. L'ancien représentant du peuple, quelque temps banni après le 2 décembre, dirigeait habilement sa fabrique de produits chimiques à Thann ; en même temps il groupait les républicains autour de lui. Ses gendres furent Charras, un des chefs de la proscription ; Risler, dont la fille devait épouser Jules Ferry ; Floquet, déjà lancé dans la politique militante ; Scheurer-Kestner, qui mit sa capacité de chimiste au service de l'usine de Thann et qui, d'accord avec son beau-père, améliora le sort des ouvriers en y introduisant la participation aux bénéfices. Un autre de ses gendres, Victor Chauffour, frère d'Ignace Chauffour et ancien professeur de la Faculté de droit de Strasbourg, avait créé près de Bâle une succursale de l'usine de Thann, où il fournit des emplois à plusieurs républicains proscrits. Scheurer-Kestner s'occupa d'organiser avec Engelhard la contrebande qui faisait passer d'Allemagne en Alsace les brochures écrites par les Français ennemis de l'Empire, ou les numéros du *Confédéré*, feuille publiée à Fribourg en Suisse par Schmitt, l'ancien journaliste de 1848. En 1862 une perquisition faite à Paris amena la découverte de lettres de Scheurer-Kestner ; il fut arrêté, mené dans la capitale et condamné, malgré la plaidoirie de Grévy, à trois mois de prison. Il fit sa peine à Sainte-Pélagie ; cette captivité, partagée avec des hommes tels que Blanqui et Pelletan, égayée par les visites de nombreux républicains ne lui laissa pas de mauvais souvenirs. De retour à Thann, il continua son action politique, recevant fréquemment chez lui des démocrates parisiens, comme M. Clémenceau.

En 1869 le parti libéral entreprit sérieusement la campagne électorale. Dans le Bas-Rhin les amis du gouvernement passèrent tous ; la ville de Strasbourg avait encore une fois donné la majorité à l'opposition Dans le Haut-Rhin, les indépendants de droite ou de gauche l'emportèrent ; Colmar seul nomma le candidat favorable à l'Empire, Lefébure, contre Hartmann, mais la bataille s'était livrée sur la question religieuse, car les deux adversaires demandaient également le retour du régime parlementaire. L'inauguration de ce régime en 1870 plaisait à presque tous les partis ; aussi l'opposition alsacienne fut-elle assez molle dans sa lutte contre le plébiscite. Le préfet du Haut-Rhin gagna d'ailleurs les ouvriers catholiques en encourageant sous main une grève contre les patrons protestants et libéraux ; cette grève prit fin quelques jours avant la déclaration de guerre.

CHAPITRE XI

Le mouvement économique.

L'Alsace a toujours été renommée pour sa richesse agricole. Le dictionnaire de Moréri dit en 1740 : « L'Alsace est une province très fertile, qui produit beaucoup de grains de toutes les espèces, vins, fourrages, bois, lins, tabac, légumes, fruits, etc. » Ce n'est qu'au XIXe siècle qu'elle devint un pays de grande industrie, grâce à l'exemple donné par Mulhouse. Vers 1746 trois citoyens de la ville libre, Kœchlin, un capitaliste, Schmaltzer, un négociant, Dollfus, un peintre, s'étaient associés pour fonder une fabrique de toiles peintes ; ce fut l'origine de la puissante industrie cotonnière qui, après la réunion de Mulhouse à la France, allait se répandre dans tout le Haut-Rhin. Sous la Révolution et l'Empire, les guerres et le blocus continental avaient maintes fois arrêté son essor ; mais après 1815, elle acquit tout son développement. Ce fut dû particulièrement à l'esprit d'initiative des Mulhousiens ;

les familles habituées depuis longtemps à gouverner la petite république, à prendre des décisions importantes pour l'avenir de leurs concitoyens, consacrèrent désormais à la fabrique leurs qualités héréditaires, et devinrent des dynasties de patrons dont plusieurs avaient l'envergure de véritables « capitaines d'industrie ». Ces hommes ne se laissèrent jamais absorber tout entiers par le désir de gagner de l'argent ; toutes les grandes questions politiques et sociales avaient de l'intérêt pour eux.

Citons comme exemple la famille d'un des trois fondateurs de l'usine de 1746, de Kœchlin. Un de ses dix-neuf petits-fils, Nicolas Kœchlin, que nous avons vu combattre contre les envahisseurs en 1814, fonda une maison puissante qu'il dirigea pendant de longues années ; député de 1826 à 1841, il fut libéral sous Charles X et appuya le parti du mouvement contre le parti conservateur sous Louis-Phillippe. En 1841, il quitta la Chambre pour mener à bien la grande œuvre à laquelle il s'était donné depuis quatre ans, la construction des chemins de fer de Mulhouse à Thann et de Strasbourg à Bâle. A une époque où les chemins de fer soulevaient encore tant de scepticisme et d'hostilité, il fallut son énergie persévérante pour achever cette dernière ligne, de 134 kilomètres, la plus importante qui eût encore été faite en France ; elle fut inaugurée à la fin de 1841. C'est lui également qui avait transformé sa ville natale en profitant de la destruction des remparts pour faire construire ce qu'on appela le Nouveau Quartier. Plusieurs de ses frères avaient combattu avec lui sous les ordres de Lefebvre en 1814. Un d'eux, Jacques Kœchlin, son associé pendant longtemps, avait été aussi député libéral avant 1830 et compromis dans le complot de Caron ; c'est de lui que La Fayette disait en 1827 : « Un Kœchlin par département, et la France serait sauvée ». Leur cousin André Kœchlin, maire et député sous Louis-Philippe, rallié à la politique de Guizot, avait fondé une grande fabrique de locomotives, devinant le succès futur des chemins de fer.

L'industrie n'était point restée localisée à Mulhouse ; elle conquit la plus grande partie du Haut-Rhin parce qu'elle trouvait partout de l'eau pure et claire pour blanchir les toiles, de grandes prairies pour les faire sécher, des routes nombreuses et commodes; l'achèvement du canal du Rhône au Rhin (1829), complété par l'embranchement sur Huningue, facilita le commerce avant qu'il fût question des chemins de fer. Les vallées vosgiennes offraient, avec une main-d'œuvre abondante, la force motrice fournie par les ruisseaux et les chutes d'eau. Thann, Wesserling, Guebwiller, Munster, et plus loin Sainte-Marie-aux-Mines se remplirent de fabriques; elles gagnèrent aussi la plaine, jusque dans les faubourgs de Colmar. Il y avait quelques industriels catholiques, surtout les Herzog au Logelbach; mais presque tout le grand patronat du Haut-Rhin était composé de protestants. Unis entre eux par de nombreux mariages, ils formaient une aristocratie industrielle active et bienfaisante.

Un trait caractéristique de ces anciens patriciens d'une ville libre, c'est qu'ils savaient s'associer, unir leurs efforts et se passer de l'État. C'est en 1826 qu'ils organisèrent la Société industrielle de Mulhouse, devenue depuis si fameuse, pour étudier et susciter les améliorations techniques ou commerciales profitables à leurs fabriques. Elle refusa les subventions de l'État, du département, de la ville; mais elle accepta, pour tenir ses séances, l'hôtel qui lui fut donné par Nicolas Kœchlin. Trois comités fonctionnèrent aussitôt, ceux de chimie, de mécanique et de commerce; la Société y joignit bientôt les comités d'histoire et de statistique, d'histoire naturelle, des beaux-arts, et le comité d'économie sociale appelé plus tard comité d'utilité publique. Elle ne se bornait pas, en effet, à rechercher les progrès utiles aux patrons; l'amélioration du sort des ouvriers l'occupa souvent. En 1827 elle commença les démarches qui devaient aboutir quelques années après à l'abolition de la loterie nationale, où tant d'ouvriers engloutissaient leurs épargnes. En 1827 aussi un fabricant de Guebwiller et un médecin de Thann firent connaître à la Société la nouvelle loi anglaise sur le travail des enfants. L'idée fit son chemin après 1830, et la Société industrielle, appuyée par la Chambre de commerce de Mulhouse et le Conseil général du Haut-Rhin, demanda officiellement qu'une loi semblable fût votée en France. En même temps un fabricant des Vosges, Daniel Legrand, qui avait reçu les enseignements d'Oberlin, adressait des pétitions aux Chambres pour demander, outre cette réforme, l'établissement d'une législation internationale du travail. C'était devancer les temps : les Chambres se décidèrent à grand'peine, après l'enquête de Villermé sur l'état des manufactures, à voter la loi de 1841, qui interdisait d'y faire travailler des enfants au-dessous de huit ans. Cette loi fut très mal appliquée, faute d'inspecteurs spéciaux chargés d'en assurer l'effet; les industriels alsaciens signalèrent bientôt cette lacune, en même temps qu'ils réclamaient, à la veille de 1848, l'obligation de ne faire travailler les enfants au-dessous de huit ans que pendant une demi-journée, afin qu'ils pussent aller à l'école.

La grande industrie, surtout celle qui fabrique des produits raffinés et coûteux, a toujours à craindre les crises de surproduction, lorsqu'un bouleversement politique ou une concurrence excessive restreint les débouchés et ralentit la consommation. La fabrique du Haut-Rhin connut ces crises, mais parvint chaque fois à les surmonter. Une des plus graves, celle de 1828, fut conjurée par l'appui des banquiers parisiens qui, sur l'initiative de Laffitte, ouvrirent aux industriels mulhousiens un crédit de cinq millions. Les années 1830, 1832, 1836, virent des crises pareilles, quoique moins prolongées. L'organisation du Zollverein par la Prusse écarta les cotonnades alsaciennes du marché allemand; elles conquirent du moins le marché français, grâce au régime protectionniste renforcé par la monarchie de Juillet. Une nouvelle crise éclata en 1847 et fut aggravée par la révolution; mais le travail reprit dès l'année 1849, où commença une des périodes les plus brillantes qu'eût encore connues la fabrique mulhousienne. Les choses allèrent moins bien entre 1861 et 1870, principalement quand la guerre de Sécession fit connaître à tous les pays industriels d'Europe la « famine du coton »; encore le Haut-Rhin souffrit-il moins que la Normandie ou le Lancashire, parce qu'il avait toujours un stock de matières premières beaucoup plus abondant que les pays situés près de la mer.

Sous l'Empire comme avant 1848, cette région industrielle profita de l'impulsion donnée par des patrons laborieux, entreprenants, qui savaient s'intéresser aux questions les plus diverses. Deux d'entre eux peuvent servir d'exemple, Jean Dollfus et son gendre Engel-Dollfus. Jean Dollfus, né en 1800, petit-fils du dernier bourgmestre de la ville libre de Mulhouse, avait été placé très jeune à la tête de la maison Dollfus-Mieg à Dornach. Il eut des années difficiles, où le crédit était rare, et dut y faire face par un labeur acharné, par une économie sévère; une fois, il fit donner par toutes les personnes de sa famille leurs bijoux pour garantir un emprunt. Le succès commença vers 1840, mais ce n'est qu'après 1852 que l'usine de Dornach devint une maison de premier ordre, où la filature, le tissage, le retordage, l'impression de l'indienne prospéraient également. Jean Dollfus était toujours prêt à étudier, à pratiquer les innovations industrielles; après l'Exposition de Londres en 1851 il changea tous ses métiers; en 1859 une des premières machines à imprimer en huit couleurs fonctionna dans ses ateliers; lors de la crise causée par la guerre de Sécession, il suivit de près les essais, vite abandonnés, que l'on fit pour acclimater en Algérie la culture du coton. Cet esprit d'initiative se manifesta aussi dans les questions douanières : les fabricants de Mulhouse, comme presque tous les industriels français, désiraient le maintien du régime protectionniste, qui leur assurait le marché intérieur; Jean Dollfus, presque seul avec Nicolas Kœchlin, persuadé que l'industrie alsacienne devait exporter ses produits dans le monde entier, soutint la cause du libre échange bien avant les traités de 1860.

Cet homme pratique et autoritaire était un philanthrope. André Kœchlin avait déjà construit quelques maisons à bon marché; la Société industrielle avait entendu en 1851 un rapport complet sur le logement de l'ouvrier. Appliquant ces idées, Dollfus créa en 1853 la Société des cités ouvrières de Mulhouse; constituée avec 60 actions de 5.000 francs, elles construisit des maisons pour les vendre aux ouvriers au prix coûtant; les acheteurs payaient par termes mensuels, à peine plus élevés qu'un loyer ordinaire, et la société reconstituait de cette manière son capital, qui servait à de nouvelles constructions. En 1870 il y avait 892 maisons construites, dont 859 étaient vendues; les acheteurs avaient déjà payé une somme totale de 2.152.000 francs. La création de bains et de lavoirs publics ne réussit pas moins bien. Jean Dollfus aimait ces œuvres bien administrées qui payaient leurs dépenses, mais il s'intéressait aussi aux œuvres de charité pure, comme l'asile pour voyageurs indigents, dont tous les frais furent supportés par lui. L'Empire protégea ce grand industriel, qui était presque seul à défendre, à encourager le nouveau régime douanier; une subvention de 300.000 francs fut donnée à la Société des cités ouvrières; Jean Dollfus entra plusieurs fois au Corps Législatif comme candidat officiel et resta pendant six ans maire de Mulhouse.

Engel-Dollfus avait, comme son beau-père, le sens des affaires et la capacité industrielle; c'est grâce à lui que le fil à coudre devint un des pricipaux articles fabriqués à Dornach. Il s'occupait activement aussi d'œuvres philanthropiques : c'est lui qui créa, en donnant l'exemple à toute la France, une association destinée à prévenir les accidents de machines. Mais, à la différence de Jean Dollfus, il aimait les arts, il n'aimait pas la politique. Un des rêves de sa vie fut de donner à Mulhouse une école de dessin et un musée de peinture. L'école de dessin devait rendre service à l'industrie, mais aussi développer le goût du beau ; si quelques élèves bien doués abandonnaient le dessin d'indienne pour l'art pur, cette perspective ne l'effrayait pas : « pour atteindre un but, répétait-il souvent, il est bon qu'on cherche à le dépasser ». Ses projets se réalisèrent avec le concours de la Société industrielle et l'appui de l'État. Engel-Dollfus avait aussi une bibliothèque magnifique, s'intéressait à l'archéologie, à l'histoire, et disait à son ami Mossmann son désir constant « de réagir contre le matérialisme de la vie d'affaires ».

Un trait qui distinguait les industriels du Haut-Rhin de beaucoup d'autres fabricants de notre pays, c'était leur intérêt passionné pour les sciences. Ils comprenaient le parti que leurs maisons pouvaient tirer de découvertes chimiques ou mécaniques ; ils aimaient aussi les sciences pour elles-mêmes, pour la façon dont elles ennoblissent la vie. Beaucoup de patrons tenaient à voir leurs fils passer par l'École Polytechnique avant de venir prendre place à la fabrique. Daniel Kœchlin, le frère de Nicolas et de Jacques, devint un savant renommé, tout comme Dollfus-Ausset, le frère de Jean Dollfus ; d'autres, comme Jean Schlumberger, comme Kœchlin-Schlumberger, réservaient leurs loisirs à l'étude désintéressée des sciences naturelles. Aimant la science, ils aimaient aussi l'instruction qui la répand jusque dans le peuple. En 1862 la Société industrielle de Mulhouse adressa une pétition au Sénat pour demander l'instruction primaire obligatoire. Voyant que la réforme n'avait aucune chance d'être approuvée par cette assemblée conservatrice, elle revint à la charge en 1867 avec une pétition plus modeste, qui montrait le danger créé par l'unité italienne et l'unité allemande. « Voici à nos frontières mêmes, disait la pétition, deux grandes nations renouvelées, puissantes par l'intelligence autant que par leur force numérique. Une fois sorties des embarras de la guerre, de l'enfantement de leur unité, elles déploieront, soyez-en sûrs, une énergie nouvelle dans les luttes pacifiques des inventions, de l'industrie, des travaux de l'esprit ». Donc il faut « compléter l'instruction du pays et élever incessamment sa puissance intellectuelle et morale; car c'est sur elle que repose, en définitive, tout avantage durable... » Loin de dire qu'on n'apprend le métier qu'à l'usine, ces hommes pratiques multiplièrent les écoles, l'école professionnelle fondée par la Ville, l'école supérieure de chimie, l'école de filature et de tissage, l'école de commerce, toutes organisées entre 1854 et 1866.

A côté de l'industrie, l'agriculture demeurait la grande source de richesse pour l'Alsace. Le pays comprenait des régions très différentes : région des montagnes, couverte de forêts de sapins ; région des collines, couverte de vignobles ; région des plaines, où dominaient les céréales et les cultures industrielles. La grande enquête agricole de 1866 prouva que les deux départements, tout en ayant encore des progrès à réaliser, méritaient les éloges des agronomes ; c'étaient les vignerons surtout qui avaient amélioré leurs procédés et leurs produits depuis le milieu du siècle. Les chemins de fer et les canaux permettaient aux producteurs alsaciens de contribuer pour leur part à l'alimentation de Paris. Et pourtant ils avaient à nourrir une population nombreuse, qui atteignait cent vingt-neuf habitants par kilomètre carré, alors que la moyenne de la France était de soixante-dix : sur 1.100.000 habitants, 500.000 vivaient de l'agriculture, qui régnait dans le Bas-Rhin, 450.000 de l'industrie, qui dominait dans le Haut-Rhin. Le livre d'un homme particulièrement compétent, l'économiste Charles Grad, sur *L'Alsace, sa situation et ses ressources au moment de l'annexion*, montre avec des chiffres précis combien elle avait prospéré au cours du dix-neuvième siècle.

CHAPITRE XII

Le mouvement intellectuel.

Un des faits importants qui caractérisent la période de 1850 à 1870, c'est le triomphe de plus en plus marqué de la langue française sur la langue allemande. Cette évolution était déjà très avancée auparavant dans la bourgeoisie ; mais pendant ces vingt ans elle va s'accélérant dans le peuple. Sans doute il y avait encore un certain nombre de paysans qui, aussi indifférents au *hoch titsch*, au bon allemand, qu'au français, ne connaissaient que le dialecte local. (1) Mais le service militaire, si répandu, ramenait dans les villages beaucoup d'hommes possédant au moins un français rudimentaire ; le chemin de fer de Paris à Strasbourg,

(1) Je citerai à ce propos une anecdote que j'ai entendu souvent raconter dans ma famille. Un ingénieur français, montant au Haut Kœnigsbourg, demande son chemin en bon allemand à des paysans; ceux-ci ne le comprennent pas et, persuadés qu'il s'exprime dans notre langue, lui répondent : *nix parler français*.

achevé au début de l'Empire, multipliait les communications; et si les voyageurs de l'intérieur venaient encore assez peu visiter les Vosges, ils allaient beaucoup à Bade, la station à la mode, et s'arrêtaient en route sur les bords de l'Ill.

L'école primaire contribua au même résultat. Les écoles normales organisées sous Louis-Philippe et les inspecteurs primaires nommés à la même époque formèrent un personnel capable de bien enseigner la langue française à des enfants alsaciens. Dans le Bas-Rhin, à partir de 1854, le préfet Migneret s'entendit avec le recteur Delcasso pour guider ces efforts; Delcasso composa lui-même un recueil de chants pour les écoles et fit en 1860 un règlement scolaire très bien conçu. Les conseils généraux des deux départements émirent des vœux tendant à développer l'enseignement du français; nombre de conseils municipaux, dans le Haut-Rhin surtout, instituèrent d'eux-mêmes la gratuité scolaire complète pour obtenir le même résultat. Mais toutes ces bonnes volontés venaient se heurter à un obstacle très sérieux, l'opposition du clergé, des deux clergés, catholique et protestant. Plusieurs fois on essaya d'obtenir d'eux que l'enseignement religieux fût donné en français : jamais on ne réussit. Les témoignages de cette résistance abondent ; ainsi, dans un rapport de janvier 1860, une inspectrice des salles d'asile raconte comment elle a pu accoutumer de petits enfants à pratiquer notre langue, « malgré les sérieuses oppositions de Messieurs les curés, plus encore de Messieurs les pasteurs, qui se sont persuadés que c'est nuire à la religion que d'enseigner aux enfants l'histoire sainte et le cathéchisme en français. »

La question préoccupa beaucoup Victor Duruy pendant son ministère. La statistique de l'enseignement primaire dressée par son ordre au début de 1864 montra que les deux départements alsaciens occupaient un rang très honorable : le Haut-Rhin avait le numéro 5, le Bas-Rhin le numéro 6, et même, si l'on avait tenu compte aussi des salles d'asile, on aurait dû leur donner les numéros 2 et 3, en plaçant le Doubs seul avant eux. Mais Duruy tenait à ce que le français l'emportât sur tous les patois ou dialectes locaux, alsacien sur les bords du Rhin, flamand dans le Nord, breton dans le Morbihan. Presque partout il rencontra l'hostilité du clergé. Celui-ci, en général, partageait l'opinion de l'archevêque de Cambrai disant au ministre : « Le français est le véhicule de toutes les mauvaises idées ». Duruy n'osait point passer outre à ces oppositions si fortement appuyées aux Tuileries. Dans la séance du 9 mars 1867 au Corps Législatif, comme un député d'Alsace, Hallez-Claparède, insistait pour qu'on fît parler aux enfants le français dans les salles d'asile, le ministre désavoua l'intention de faire la guerre à l'allemand. Peu après un curé de Strasbourg publia, d'accord avec son évêque, une brochure où il combattait vivement la pensée de donner l'enseignement religieux en français. Mais les vœux des Alsaciens, leur désir d'élever leurs enfants dans la hiérarchie sociale, précipitaient le changement redouté par les divers clergés. Dans une conférence tenue par le chapitre protestant de Saint-Thomas, un pasteur constata, non sans regret, que la plupart des parents voulaient voir leurs fils apprendre seulement le français.

Dans la bourgeoisie, ce changement était chose accomplie. Toutes les maisons d'enseignement secondaire, lycées de l'État, collèges catholiques, gymnase protestant de Strasbourg, se servaient exclusivement de notre langue ; et les enfants rentrant chez eux entendaient leurs parents parler plus souvent le français que l'allemand. Les troupes de comédiens allemands, qui jusque vers 1830 inscrivaient régulièrement Strasbourg dans le programme de leurs tournées, avaient cessé peu à peu de s'y arrêter, parce que les auditeurs faisaient défaut. Beaucoup d'Alsaciens savaient encore faire un discours ou une conférence en allemand, sans que ce fût l'habitude comme autrefois.

L'enseignement supérieur contribua au triomphe de la culture française, car les Facultés furent plus actives qu'auparavant. La Faculté des lettres était la moins vivante, car elle manquait d'élèves, comme partout en province; mais il y eut au début de l'Empire, soit à la

Faculté, soit au lycée, un groupe de maîtres intelligents et lettrés, qui ont toujours conservé à la société strasbourgeoise un souvenir reconnaissant; parmi eux citons des écrivains comme Martha, des historiens comme Zeller, des philosophes comme Jacques Denis et Paul Janet. Ce dernier fit avec grand succès des cours publics à l'Hôtel de Ville, principalement celui d'où sortit le beau livre sur la *Famille*. Ses élèves l'appréciaient beaucoup; l'un d'eux, Auguste Schnéegans, parlait encore avec admiration, un quart de siècle plus tard, du jeune maître qui savait si bien apprendre à ses élèves l'art d'exprimer leur pensée. Mais les professeurs tels que lui étaient rares; aussi Fustel de Coulanges, envoyé à Strasbourg en 1860, trouva-t-il, selon sa propre expression, la Faculté « aux trois quarts morte ». Cet historien hors ligne attira vite le public; bien qu'il ne fît rien pour plaire, un auditoire de plus de trois cents personnes suivit régulièrement ses cours et lui prodigua les témoignages d'estime. C'est là que fut professé, avant d'être publié, le livre célèbre sur la *Cité antique*. Fustel, toujours difficile pour lui-même, se plaignait de vivre dans « une atmosphère d'engoûment, d'enthousiasme naïf » qui « aurait fini par le rendre stupide ». Mais il garda une pensée affectueuse pour la grande ville alsacienne et, vers la fin de sa vie, exprima le vœu que, si jamais elle redevenait française, un de ses successeurs y parlât de lui.

La Faculté des sciences n'avait guère plus d'étudiants que celle des lettres. Celle-ci pouvait encore suppléer à la pauvreté des bibliothèques universitaires en recourant à la magnifique bibliothèque de la Ville, enrichie avec amour par ses conservateurs, les Schweighaeuser, qui s'étaient succédé pendant trois générations; mais les scientifiques souffraient de l'insuffisance des laboratoires. Pasteur y fit quand même œuvre utile de 1849 à 1854; c'est là qu'il accomplit une de ses premières découvertes, la transformation de l'acide tartrique en acide racémique; lorsqu'on lui décerna comme récompense un prix de 1.500 francs, il dut en employer la moitié à l'achat d'instruments que la Faculté ne possédait pas. On le remplaça par un autre grand chimiste, Gerhardt, qui revint dans sa ville natale avec l'espoir d'y fonder le laboratoire modèle qu'il rêvait en vain depuis dix ans; mais il mourut bientôt. Plus heureux étaient les naturalistes qui pouvaient étudier le sol, ses minéraux, ses végétaux. Daubrée passa de longues années dans le Bas-Rhin, cumulant les fonctions d'ingénieur des mines et de professeur, et dressa une belle carte géologique du département. Le savant le plus populaire était Kirschleger, un botaniste laborieux et joyeux, qui allait herboriser dans les Vosges tous les étés, causant avec les paysans dans leur dialecte et suscitant partout des collaborateurs bénévoles.

Les étudiants étaient beaucoup plus nombreux dans

les autres Facultés. Celle de droit eut alors un grand éclat; c'est là qu'un professeur et un magistrat, l'un et l'autre enfants du pays, Aubry et Rau, composèrent le cours de droit civil qui devint classique dans tous les tribunaux de France. Plus remarquables encore furent les progrès de la Faculté de médecine; elle les dut en partie à la fondation de l'École de santé militaire qui, très bien organisée par Sédillot, attira quantité de jeunes gens séduits à la fois par l'amour de la science et l'amour de l'uniforme. La Faculté possédait un grand chirurgien, Kœberlé, le créateur de l'ovariotomie, qui vient de disparaître en 1915; la médecine générale y était enseignée par deux professeurs éminents, Hirtz et Schutzenberger, un Strasbourgeois pur sang dont le frère avait été longtemps maire de la ville. Les étudiants se plaisaient à comparer les deux rivaux, ce qui provoquait de fréquents débats entre les « Hirtz » et les « Schutz ».

La Faculté de théologie était renommée dans tout le monde protestant pour la science de ses maîtres. Edouard Reuss tenait toujours le premier rang : « âme de feu dans un corps émacié et desséché par l'étude, il était laid de visage, mais d'une laideur de Voltaire qu'illuminaient deux yeux où pétillait l'esprit ». L'homme ainsi décrit par son collègue Sabatier fut un savant d'une indépendance complète, qui étudiait les Écritures comme une œuvre humaine; cette hardiesse dans la recherche s'associait à un caractère circonspect, modéré, ainsi qu'au désir de ne pas troubler la foi de ses contemporains. Deux de ses collègues, Cunitz et Baum, subissaient complètement son influence : ils entreprirent, d'accord avec lui, la grande édition des œuvres de Calvin qui rend aujourd'hui tant de services à l'histoire. A côté d'eux un travailleur acharné, Charles Schmidt, consacrait des études approfondies au moyen âge et au siècle de la Réforme. D'autres professeurs plus jeunes se mêlaient avec ardeur aux conflits religieux qui divisaient alors les protestants : c'était Lichtenberger, un savant très au courant des choses d'Allemagne; c'était Auguste Sabatier, qui songeait dès ce moment à chercher la base de la croyance, non plus dans la Bible, mais dans la foi intérieure, dans l'expérience religieuse; c'était le plus audacieux de tous, Colani. Élève de Reuss, il tira des travaux de celui-ci leurs conséquences philosophiques; homme d'action et polémiste infatigable, il fonda la Revue de théologie appelée communément *Revue de Strasbourg*. C'est là que, de 1850 à 1869, des hommes tels qu'Edmond Scherer, Albert Réville, Michel Nicolas, menèrent avec lui le combat contre l'orthodoxie traditionnelle au nom de la science et des droits de la raison.

Les cinq Facultés attiraient à Strasbourg une nombreuse population d'étudiants; cette jeunesse joyeuse était aimée des habitants, qui lui passaient volontiers quelques frasques. Pendant la belle saison elle fréquentait beaucoup la Robertsau, ce Bois de Boulogne des bords du Rhin. En hiver elle possédait ce qu'on ne trouvait nulle part ailleurs dans notre pays, un cercle d'étudiants : c'était le Casino théologique et littéraire, qui dut son existence à la générosité d'Édouard Reuss. Le célèbre professeur ne dédaigna pas de l'administrer, secondé bientôt par son fils Rodolphe Reuss, celui qui devait être l'historien de l'Alsace.

Colmar, à défaut de Facultés, possédait un groupe nombreux d'amis des lettres, auquel la Cour d'appel et son barreau fournissaient un notable contingent. Les plus travailleurs étaient d'anciens républicains de 1848, qui tournaient vers l'histoire et l'archéologie l'activité autrefois consacrée à la politique. Liblin entreprit de fonder une revue alsacienne, écrite en français, consacrée surtout au passé de la province ; deux fois on avait essayé la chose sous Louis-Philippe, et deux fois on avait échoué au bout de quelques années. Liblin fonda la *Revue d'Alsace* en 1849, dès qu'il eut été acquitté par le jury de Besançon ; grâce à lui elle devait subsister jusqu'au XXe siècle. Quantité de collaborateurs se présentèrent, ne demandant aucune rétribution, trop heureux de raconter l'histoire de leur pays ; les abonnés vinrent assez nombreux pour donner un démenti à ceux qui avaient accueilli avec scepticisme l'idée téméraire de Liblin. Celui-ci trouvait aussi le temps et l'argent nécessaires pour éditer les longs ouvrages manuscrits de Grandidier, érudit réputé du XVIIIe siècle. Liblin rencontra une aide précieuse chez son coaccusé de 1849, Mossmann, véritable savant qui devint archiviste de Colmar. Leur ancien défenseur, Ignace Chauffour, le grand avocat du Haut-Rhin, bibliophile passionné, causeur éblouissant, participait à leurs travaux, ainsi que son confrère Yves, poète à ses moments perdus; un autre avocat, Gérard, ancien représentant du peuple comme eux, publia d'abord en articles dans la revue de Liblin son livre érudit et piquant sur *L'Alsace à table.*

Il y avait à Colmar un autre groupe de travailleurs, celui qui se réunissait au collège catholique. Des hommes comme l'abbé Martin et surtout Hanauer avaient le goût des recherches érudites. Liblin réussit quelque temps à s'assurer la collaboration des catholiques; mais plus tard ils fondèrent la *Revue catholique d'Alsace.* Hanauer, qui en était le rédacteur le plus compétent, soutint plus d'une polémique avec la *Revue d'Alsace*, particulièrement avec Ignace Chauffour, à propos des institutions du moyen âge; mais un culte commun pour le passé de la petite patrie maintenait les bons rapports entre les catholiques et les mécréants qui secondaient Liblin. Ceux-ci prirent ou favorisèrent toutes les initiatives destinées à embellir leur ville; c'est ainsi qu'ils fondèrent le musée Schöngauer, consacré à la gloire de l'artiste du xve siècle.

Les Colmariens considéraient volontiers leur grande voisine, Mulhouse, comme une ville quelque peu béotienne. Cependant là aussi l'on voyait s'éveiller le goût de l'histoire et de l'archéologie locales. Auguste Stœber, le fils du poète libéral de 1814, était devenu professeur au collège, puis bibliothécaire de la ville; ses amis formèrent avec lui un cercle littéraire, la *Concordia*, qui l'aidait à publier son recueil intitulé *Alsatia;* il y inséra les monuments écrits du vieux dialecte local; lui et son frère Adolphe Stœber, à l'exemple de leur père, se servirent de la langue allemande pour leurs poésies. Ils encouragèrent Marguerite Spœrlin à publier dans la même langue ses beaux récits légendaires, qui furent traduits ensuite en français. Engel-Dollfus, qui s'intéressait aux recherches de la *Concordia,* s'assura le concours de Mossmann et le mit en mesure d'accomplir une grande œuvre érudite, la publication du cartulaire de Mulhouse. Mais il serait fastidieux d'énumérer tous les ouvrages, tous les périodiques spéciaux qui attestaient l'activité intellectuelle des Alsaciens. Passionnés pour l'archéologie et l'histoire, amateurs de vieilles légendes et de vues pittoresques sur le passé, ils montraient moins de goût pour les œuvres d'imagination, pour le roman et la poésie. Les vrais romanciers de l'Alsace, il faut les chercher un peu au-delà de la frontière qui la séparait de la Lorraine : ce sont les deux Lorrains, enfants des Vosges, qui entre 1860 et 1870 rendirent célèbre la signature d'Erckmann-Chatrian. Ceux-là comprirent vraiment l'Alsace, la poésie de ses montagnes, le charme de ses grandes plaines, ce mélange de joie de vivre et de fière dignité qui caractérisait ses habitants; ceux-là surent exprimer les sentiments démocratiques chers aux petits-fils des volontaires de 1792 et des partisans de 1814.

Si les vrais poètes étaient rares en Alsace, les artistes y furent nombreux. Ce pays partageait le goût de ses voisins d'outre-Rhin pour la musique; les compositeurs trouvaient immédiatement un public pour les apprécier; les sociétés chorales comprenaient des amateurs de tous les âges, de toutes les professions : Kuss, par exemple, ne manquait jamais une répétition de la société strasbourgeoise de chant, où il faisait sa partie de basse. Néanmoins il n'y a guère de compositeurs alsaciens qui aient dépassé les limites d'une célébrité locale. Ce furent plutôt les peintres qui arrivèrent à la renommée, d'autant plus que les principaux allèrent chercher à Paris la réputation que la grande ville seule donne aux artistes. Ceux même qui, vers 1830, se formèrent à l'école des maîtres de Munich revinrent bientôt à la tradition française. Beaucoup parmi eux trouvèrent leurs premiers guides à Strasbourg, où la dynastie des Guérin avait fourni, depuis la fin du XVIIIe siècle, trois générations de peintres et de graveurs. Le dernier, Gabriel Guérin, dirigea les débuts de plusieurs artistes, Jundt, Schutzenberger, Lix, Henner, qui le quittèrent ensuite pour achever leur éducation à Paris. Beauconp d'entre eux aimaient prendre leurs sujets sur le sol d'Alsace :

Brion a peint une noce de village, Jundt a fait ses jolies silhouettes de paysannes, l'aquarelliste Henri Zuber a su décrire les paysages de la région. D'autres, comme Schutzenberger, comme Gustave Doré, devinrent bien vite parisiens. Le plus grand de tous, Henner, si attaché à son pays natal, avait acquis avant 1870 déjà une célébrité européenne. Il serait trop long de citer les verriers, les graveurs, les ciseleurs sur métaux, les céramistes qui répandirent dans la France entière la réputation de l'art alsacien. Colmar, la ville si passionnée pour toutes les manifestations de l'intelligence, eut le bonheur de compter parmi ses enfants un grand sculpteur, Bartholdi : celui-ci, qui aimait profondément sa ville, fit pour elle sous le second Empire les statues des trois illustres concitoyens, celles de Martin Schöngauer, de Rapp et de l'amiral Bruat. Les élus de la région savaient encourager les jeunes artistes d'avenir : ce fut une subvention du conseil général du Haut-Rhin qui permit à Henner d'aller achever ses études à Paris.

CONCLUSION

Les rapports des gens de la rive gauche du Rhin avec leurs voisins de la rive droite restaient généralement satisfaisants. Sous Napoléon III comme sous Louis-Philippe, l'Alsace jouait le rôle utile d'intermédiaire entre deux civilisations. Un éducateur comme Willm avait exposé à ses compatriotes comment ils pouvaient mettre à profit les méthodes pédagogiques de l'Allemagne. D'importantes inventions faites outre-Rhin étaient propagées en France par des hommes compétents : la lithographie, inventée en Bavière, fut popularisée chez nous par Engelmann, l'industriel de Mulhouse, et par Rothmuller, l'artiste de Colmar. En 1858 ce furent deux Alsaciens, Auguste Nefftzer et Charles Dollfus, qui fondèrent à Paris la *Revue germanique*, si goûtée pendant quelques années par le public d'élite qu'elle initiait à la critique religieuse, à la littérature, à la philosophie de l'Allemagne. De leur côté, les Allemands apprenaient en Alsace à aimer l'égalité civile et politique, à voir toutes les religions traitées sur le même pied ; ils se plaisaient à jouir de l'hospitalité alsacienne, qui s'exerçait à l'occasion de fêtes nombreuses. A chaque festival des chanteurs alsaciens plusieurs chorales allemandes étaient invitées et recevaient bon accueil. L'inauguration du pont du chemin de fer sur le Rhin en 1861 donna lieu à un échange de discours amicaux. Les pasteurs luthériens des deux rives avaient des relations fréquentes ; l'évêque de Strasbourg demeurait l'ami intime des prêtres allemands au milieu desquels s'était écoulée sa jeunesse. Plus d'un Alsacien faisait un séjour dans les Universités étrangères ; Léon Lefébure, sortant du collège catholique de Colmar, passa quelques mois à Munich avant d'aller faire son droit à Paris.

Mais les ambitions germaniques apparaissaient quelquefois et provoquaient des ripostes dépourvues de douceur. En 1852 certains journaux allemands plaignirent les républicains strasbourgeois maltraités après le coup d'État et laissèrent entendre que l'Alsace libérale gagnerait à se séparer de la France tyrannisée ; la réponse du *Courrier du Bas-Rhin,* en juillet 1852, prouva que personne n'était dupe de cette pitié hypocrite. Quelques années plus tard le botaniste Kirschleger, invité au congrès des naturalistes allemands à Spire, fut surpris de les entendre annoncer le retour nécessaire de l'Alsace à la « mère patrie ». « Vous devriez au moins, leur dit-il, nous demander si nous avons quelque envie de retourner à vous. Sachez-le bien, nous autres Alsaciens, nous voulons rester Français ». La guerre de 1859, pendant laquelle on crut pendant quelques jours à une attaque allemande vers le Rhin, faillit aussi réveiller les passions belliqueuses.

Cependant la menace allemande ne sembla point dangereuse avant 1866. La guerre austro-prussienne vint tout changer en détruisant la Confédération germanique. Certains Français hésitaient à choisir entre l'Autriche et la Prusse ; à Paris, plusieurs hommes de gauche étaient même disposés à sympathiser avec la Prusse contre l'Autriche réactionnaire. Mais un publiciste alsacien, Seinguerlet, banni après le 2 décembre et fixé depuis lors à Heidelberg, comprit aussitôt que le péril venait de Berlin ; il était correspondant du *Temps* et décida son ami Auguste Neffizer à combattre la politique prussophile. Un incident burlesque montra aux gens de Strasbourg jusqu'où allait le sans-gêne prussien : le duc de Nassau, qui possédait une cave renommée, fit expédier son vin dans le chef-lieu du Bas-Rhin quand l'ennemi approcha ; les agents de la Prusse prétendirent mettre saisie-arrêt sur ce trésor qui leur échappait ! Dès lors les manifestations agressives d'outre-Rhin vont se succéder. Scheurer-Kestner, venu à Mannheim à une réunion d'actionnaires, doit protester contre le langage de ses voisins ; lors du conflit suscité par l'affaire du Luxembourg, une adresse pacifique des étudiants strasbourgeois provoque une réponse brutale des étudiants berlinois; une tentative de Jean Macé pour faire collaborer les loges maçonniques des deux rives du fleuve à une action conciliatrice est froidement accueillie par les Badois. Les Strasbourgeois s'étonnèrent de constater que certains hauts fonctionnaires croyaient pouvoir compter sur l'appui de l'Allemagne du Sud contre la Prusse ; le gouverneur de Strasbourg, le général Ducrot, loin de partager ces illusions, signalait à Paris toutes les menées d'outre-Rhin, mais ses lettres lui valaient tout au plus quelques remerciements ironiques des généraux qui entouraient Napoléon III. Bientôt la guerre éclata, et toutes les querelles cessèrent entre Alsaciens ; depuis les démocrates libre-penseurs comme Kuss et Valentin jusqu'aux militants du catholicisme tels qu'Émile Keller, tous apportèrent la même ardeur à lutter contre l'agression allemande.

En 1789 l'Alsace était heureuse d'appartenir au roi de France et prête à la défendre contre ses ennemis : toutefois elle demeurait un pays à part, aussi allemand que français. En 1870 elle était devenue complètement française. Le changement est dû surtout à la Révolution. Elle a chassé les princes allemands qui possédaient une partie du territoire ; elle a supprimé les seigneuries ecclésiastiques et laïques. Le paysan, qui acceptait autrefois les droits féodaux et les dîmes comme on accepte la pluie ou le soleil, s'est vu délivré du fardeau qui pesait sur lui ; la bourgeoisie a pris la place de la vieille noblesse ; en repoussant avec tous les Français l'invasion qui menaçait de ramener l'ancien régime, les hommes des bords de l'Ill ont pris conscience de la solidarité nationale. Restait à réaliser la pacification religieuse, à donner au pays une administration régulière et vigilante ; ce fut l'œuvre du Consulat et de l'Empire. La gloire acquise sous les plis du drapeau tricolore, le spectacle de l'avancement accordé à tous ceux qui l'avaient mérité par leur courage, attachèrent pour jamais le peuple au régime issu de 1789.

Dès lors, de 1815 à 1871, l'évolution continue régulièrement, sans contrainte, secondée par la bonne volonté des hommes et la force des choses. La bourgeoisie se francise tout entière ; le peuple suit plus lentement l'exemple des classes élevées et, tout en gardant son dialecte qui lui est cher, apprend à s'exprimer dans la langue des Messieurs. Toutes les discussions sociales ou religieuses qui intéressent Paris ont leur écho à Strasbourg ; tous les partis politiques ont leurs représentants sur les bords du Rhin. Les fonctionnaires inférieurs sont généralement pris dans la province, dont ils comprennent le langage, mais on n'a point le même souci pour les fonctionnaires supérieurs : parmi les nombreux préfets qui ont administré pendant soixante-dix ans le Bas-Rhin et le Haut-Rhin, très peu sont Alsaciens. De leur côté, les fonctionnaires, les officiers, les ingénieurs issus de ces départements allaient dans n'importe quelle partie de la France. Vers 1848 le particularisme de l'Alsace avait disparu, ou du moins il n'était pas plus développé que celui du Languedoc ou celui de la Bretagne. Fustel de Coulanges eut raison d'écrire en 1870 : « Savez-vous ce qui a rendu l'Alsace française? Ce n'est pas Louis XIV, c'est notre Révolution de 1789. Depuis ce moment, l'Alsace a suivi toutes nos destinées; elle a vécu de notre vie. Tout ce que nous pensions, elle le pensait; tout ce que nous sentions, elle le sentait. Elle a partagé nos victoires et nos revers, notre gloire et nos fautes, toutes nos joies et toutes nos douleurs. »

TABLE DES MATIÈRES

Saint-Denis. — Imprimerie Ve Bouillant, et J. Dardaillon.

www.ingramcontent.com/pod-product-compliance
Ingram Content Group UK Ltd.
Pitfield, Milton Keynes, MK11 3LW, UK
UKHW020914180726
13838UKWH00002B/544

9 782329 427751